ハンデイ版　ひとめで分かる！世界の歴史・スポーツ・有名人

世界の国旗

NATIONAL FLAG OF THE WORLD

日本文芸社

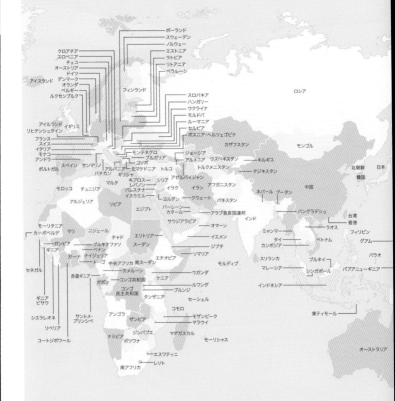

ポーランド
スウェーデン
ノルウェー
エストニア
クロアチア
スロベニア
ラトビア
チェコ
リトアニア
オーストリア
ドイツ
ベラルーシ
アイスランド
デンマーク
オランダ
ベルギー
ルクセンブルク
フィンランド
ロシア

スロバキア
ハンガリー
ウクライナ
モルドバ
ルーマニア
セルビア
ボスニア・ヘルツェゴビナ
アイルランド
リヒテンシュタイン
イギリス
フランス
スイス
イタリア
モナコ
アンドラ
カザフスタン
モンゴル
モンテネグロ
ジョージア
ブルガリア
アルメニア
ウズベキスタン
キルギス
北朝鮮
日本
ポルトガル
スペイン
サンマリノ
アルバニア
北マケドニア
トルコ
バチカン
ギリシャ
コソボ
トルクメニスタン
韓国
タジキスタン
キプロス
シリア
アゼルバイジャン
マルタ
レバノン
モロッコ
チュニジア
パレスチナ
イラク
イラン
アフガニスタン
ネパール
ブータン
中国
イスラエル
ヨルダン
クウェート
パキスタン
アルジェリア
リビア
バーレーン
カタール
アラブ首長国連邦
インド
バングラデシュ
台湾
エジプト
サウジアラビア
オマーン
香港
モーリタニア
カーボベルデ
マリ
ニジェール
チャド
エリトリア
イエメン
ミャンマー
ラオス
フィリピン
ガンビア
ブルキナファソ
スーダン
ジブチ
タイ
ベトナム
グアム
ギニア
ベナン
カンボジア
ガーナ
ナイジェリア
ソマリア
モルディブ
スリランカ
ブルネイ
パラオ
セネガル
中央アフリカ
南スーダン
エチオピア
マレーシア
シンガポール
パプアニューギニア
赤道ギニア
カメルーン
ウガンダ
ギニア
ビサウ
ガボン
ケニア
インドネシア
コンゴ
民主共和国
ルワンダ
ブルンジ
シエラレオネ
サントメ・
プリンシペ
タンザニア
セーシェル
リベリア
アンゴラ
コモロ
ザンビア
モザンビーク
東ティモール
コートジボワール
ジンバブエ
マラウイ
ナミビア
ボツワナ
マダガスカル
モーリシャス
エスワティニ
オーストラリア
レソト
南アフリカ

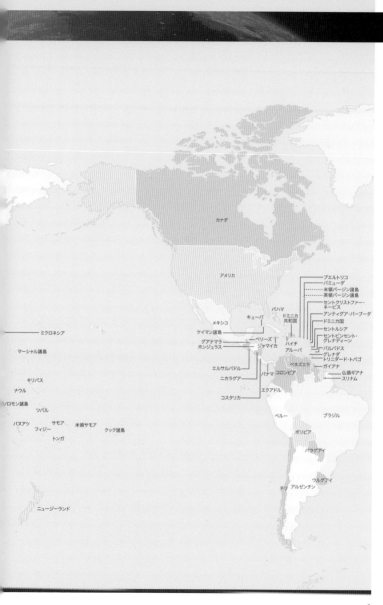

カナダ

アメリカ

ミクロネシア

マーシャル諸島

メキシコ

キューバ

バハマ

ケイマン諸島

グアテマラ　　　ベリーズ

ホンジュラス　　ジャマイカ

エルサルバドル

ニカラグア

コスタリカ

パナマ

ドミニカ
共和国

ハイチ

アルーバ

コロンビア

ベネズエラ

エクアドル

プエルトリコ

バミューダ

米領バージン諸島

英領バージン諸島

セントクリストファー・
ネービス

アンティグア・バーブーダ

ドミニカ国

セントルシア

セントビンセント・
グレナディーン

バルバドス

グレナダ

トリニダード・トバゴ

ガイアナ

仏領ギアナ

スリナム

キリバス

ナウル

ソロモン諸島

ツバル

バヌアツ　　サモア　　米領サモア

フィジー　　　　　　　クック諸島

トンガ

ペルー

ブラジル

ボリビア

パラグアイ

チリ　　アルゼンチン

ウルグアイ

ニュージーランド

3

CONTENTS

IOCコード：AFG
Islamic Republic of Afghanistan　アフガニスタン・イスラム共和国

アフガニスタン

（比率 2:3）

国（地域）の英語表記
国（地域）の正式名称
国や地域の形と位置

IOCコード

国名（地域名）の通称

国旗（地域旗）

国旗（地域旗）の正式比率

国の歴史・概要

不安定な国際情勢脱却めざす新生国家。

1919年に独立。1973年に共和制に移行するがクーデターやソ連の軍事加入、内戦状態の継続、2000年以降の国際的テロ組織による軍事行動などで混迷を極めた。しかし2004年に新憲法成立、2014年には史上初めて民主的な政権交代を実現。新生国家として伸長をめざしている。

国（地域）の歴史や概要、特徴など

国旗の由来 黒は外国に支配された過去、赤は独立を目指して流された血、緑は独立の証。3色に跨るのは、イスラム寺院に新生国家の出発を表す国章。

国旗（地域旗）の成り立ちやデザインの持つ意味

このスポーツ選手がすごい！

ロフラ・ニクバイ（テコンドー）
10歳からテコンドーをはじめ、内戦で難民となりながらも、08年北京五輪のテコンドー男子58kg級で同国史上初のメダル（銅）を獲得。12年ロンドン五輪でも68kg級で銅メダルを獲得した。

その国・地域の出身者または国籍保持者、ゆかりのある人物の中で、とくに有名なスポーツ選手

DATA

建国年:2004年 国旗の制定年:2004年 面積:652,225万平方キロメートル（日本の約17倍）人口:2,916万人（2016～17年）首都:カブール 言語:ダリー語（公用語）、パシュトゥー語等 宗教:イスラム教（主にスンニー派のハナフィ学派だが、ハザラ人はシーア派）国家元首:アシュラフ・ガニ大統領 通貨:アフガニー 日本との国交樹立年:1930年 時差:-4時間30分

面積、人口、首都、使用されている言語など、国の基礎データ

■近代五輪メダル数

大会	金	銀	銅
金		0	0
銀		0	0
銅		2	0
合計		2	0

出場14回目（夏14回/冬0回）

近代五輪出場回数、メダル獲得数（2018年平昌五輪終了時点）

主な有名人 アフマド・シャー・マスード（政治家）　ハーミド・カルザイ（初代大統領）

著名な出身者、国籍保持者、ゆかりのある人物

● 本書に掲載されている情報は、注釈がない限り2019年11月時点のものです。
● 国際オリンピック委員会（IOC）に加盟する206の国・地域にバチカンを加えた207カ国・地域を掲載しています。なお、地域旗（域旗）についても本文中では「国旗」と表しています。「国名」「国の歴史・概要」も同様です。各国のデータは外務省発表のものをもとに掲載しています。
● 国旗のサイズは一部を除き、国連で採用している2:3の比率で掲載し、下部に正式な比率を記載しています。また色合いは印刷の刷り色によって多少変わることがあります。
● 国旗は公用旗として使用される場合、紋章が入るなどデザインが異なる場合がありますが、本書では外務省に準じた形のものを掲載しています。

ASIA

アジア

ユーラシア大陸の東側の大部分を占める。日本や中国の東アジア、タイやフィリピンの東南アジア、イランやサウジアラビアの中東で、文化や生活スタイルも大きく異なる。最大の面積を誇る中国は近年、経済的な成長も目覚ましい。スポーツはサッカーや野球が盛んだが、インドではクリケット、東南アジアではバドミントンなど、地域によって人気スポーツは異なる。

Islamic Republic of Afghanistan アフガニスタン・イスラム共和国

アフガニスタン

（比率 2:3）

国の歴史・概要

不安定な国際情勢脱却めざす新生国家。

1919年に独立。1973年に共和制に移行するがクーデターやソ連の軍事加入、内戦状態の継続、2000年以降の国際的テロ組織による軍事行動などで混迷を極めた。しかし2004年に新憲法成立、2014年には史上初めて民主的な政権交代を実現。新生国家として伸長をめざしている。

国旗の由来〉黒は外国に支配された過去、赤は独立を目指して流された血、緑は独立の証。3色に跨るのは、イスラム寺院に新生国家の出発を表す国章。

このスポーツ選手がすごい！

ロフラ・ニクパイ（テコンドー）

10歳からテコンドーをはじめ、内戦で難民となりながらも、2008年北京五輪のテコンドー男子58kg級で同国史上初のメダル（銅）を獲得。2012年ロンドン五輪でも68kg級で銅メダルを獲得した。

DATA

建国年：2004年 国旗の制定年：2004年 面積：65万2,225平方キロメートル（日本の約1.7倍） 人口：2,916万人（2016〜17年） 首都：カブール 言語：ダリー語（公用語）、パシュトゥー語他 民族：パシュトゥーン人、タジク人、ハザラ人、ウズベク人等 宗教：イスラム教（主にスンニー派のハナフイ学派だが、ハザラ人はシーア派） 国家元首：アシュラフ・ガーニ大統領 通貨：アフガニー 日本との国交樹立年：1930年 時差：-4.5時間

■近代五輪メダル数

大会	夏	冬
金	0	0
銀	0	0
銅	2	0
合計	2	0

出場14回（夏14回／冬0回）

主な有名人 アフマド・シャー・マスード（政治家） ハーミド・カルザイ（初代大統領）

IOCコード：UAE

ASIA

EUROPE

OCEANIA

AFRICA

AMERICA

United Arab Emirates アラブ首長国連邦

アラブ首長国連邦

サウジアラビア　アラブ首長国連邦
オマーン
インド洋

（比率 1:2）

国の歴史・概要

世界のセレブが注目する近未来都市。

アラビア半島東部、ペルシャ湾に面した7つの首長国で形成される。国の大部分を砂漠が占め、豊富な石油と天然ガスを背景に発展。特にドバイは世界一の高さを誇るバージュ・カリファを中心に「砂漠の中の近未来都市」と呼ばれるゴージャスさで世界のセレブから注目を集めている。

国旗の由来 7つの首長国国旗の色を全て取り入れたもので、赤は血、緑は肥沃な国土、白は平和と純粋さ、そして黒は近代化をもたらす石油を表している。

このスポーツ選手がすごい！

アハメド・アル＝マクトゥーム（射撃）

ドバイ首長国のマクトゥーム家の出身。競技として射撃を始めたのは34歳。それでも2004年アテネ五輪クレー射撃のダブルトラップで五輪タイ記録で同国初のメダルとなる「金」をもたらした。

DATA

建国年：1971年 国旗の制定年：1971年 面積：8万3,600平方キロメートル（日本の0.22倍）人口：940万人（2017年）首都：アブダビ 言語：アラビア語 民族：アラブ人 宗教：イスラム教 国家元首：ハリーファ・ビン・ザーイド・アール・ナヒヤーン殿下（アブダビ首長）通貨：ディルハム 在留邦人数：4,073人（2017年）在日アラブ首長国連邦人数：3,846人（2016年）日本との国交樹立年：1972年 時差：-5時間

■近代五輪メダル数

大会	夏	冬
金	1	0
銀	0	0
銅	1	0
合計	2	0

出場9回（夏9回／冬0回）

主な有名人 セルジュ・トマ（柔道選手）　ハムダン・ビン＝ムハンマド・アール＝マクトゥーム（皇太子）

Republic of Yemen　　　　イエメン共和国

イエメン

（比率 2:3）

首都サヌアは世界最古の町のひとつ。

紀元前、地中海諸国と東アジアの貿易中継地として繁栄し「幸福のアラビア」と呼ばれた。標高2,300mという高地にある首都サヌアは世界最古の町のひとつで、世界遺産にも登録される旧市街地は絶景の観光地として注目を集めるも、現在は内戦により混迷を極めている。

国旗の由来〉赤・白・黒は1990年に統合した北・南イエメン国旗の共通色で赤は自由と統一のために流された血、白は未来、黒は過去の暗黒時代を表している。

このスポーツ選手がすごい！

ワスィーラ・ファドル・サアド（陸上）

アデン出身。専門は短距離。2007年に大阪で開かれた世界陸上、2008年の北京五輪女子短距離に出場した。北京五輪では13秒60の国内記録を樹立するなど、大舞台で活躍した。

DATA

建国年：1990年 国旗の制定年：1990年 面積：55万5,000平方キロメートル（日本の約1.5倍弱）人口：2,892万人（2018年）首都：サヌア 言語：アラビア語 民族：主としてアラブ人 宗教：イスラム教（主にスンニー派およびザイド派＝シーア派の一派）国家元首：アブドラッボ・マンスール・ハーディ大統領 通貨：イエメン・リアル日本との国交樹立年：1990年 時差：-6時間

■ 近代五輪メダル数

大会	夏	冬
金	0	0
銀	0	0
銅	0	0
合計	0	0

出場7回（夏7回／冬0回）

主な有名人 シバの女王（聖書の登場人物）　オフラ・ハザ（歌手）

IOCコード：IRQ

ASIA

EUROPE

OCEANIA

AFRICA

AMERICA

Republic of Iraq　　イラク共和国

イラク

（比率 2:3）

古代メソポタミア文明繁栄の地。

確認石油埋蔵量は世界5位。古代メソポタミア文明繁栄の地で歴史的遺構も多い。羊肉料理などのイラク料理も人気。1980年以降はイラン・イラク戦争、クウェート侵攻、湾岸戦争が行われ、2003年にフセイン政権が崩壊するも情勢は安定していない。

国旗の由来〉中央にアラビア語で「神は偉大なり」の聖句を配した横三色旗。赤は闘争で流した血、白は明るい未来、黒は過去の抑圧、文字の緑はイスラム教を表す。

このスポーツ選手がすごい！

アリ・アドナン（サッカー）

2013年アジア年間最優秀ユース選手賞受賞。高身長と強い身体とスピードでイラクのカウンターアタックの哲学を印象づける選手。イラクのサッカー選手として初めてイタリアのセリエAに所属。

DATA

建国年：1932年 国旗の制定年：2008年 面積：43万8,300平方キロメートル（日本の約1.2倍）人口：3,843万人（2018年）首都：バグダッド 言語：アラビア語、クルド語（共に公用語）民族：アラブ人（シーア派約60％、スンニ派約20％）、クルド人（約20％、多くはスンニ派）、トルクメン人、アッシリア人他 宗教：イスラム教（スンニ派、シーア派）、キリスト教他 国家元首：バルハム・サーレハ大統領 通貨：イラク・ディナール 日本との国交樹立年：1939年 時差：-6時間

■近代五輪メダル数

大会	夏	冬
金	0	0
銀	0	0
銅	1	0
合計	1	0

出場14回（夏14回／冬0回）

主な有名人 ユニス・マフムード（サッカー選手）　ザハ・ハディッド（建築家）

Islamic Republic of Iran イラン・イスラム共和国

イラン

（比率 4:7）

「世界の半分」と称された中東の国。

古都・イスハファーンはペルシャ歴代王の贅を尽くした宮殿や美しいモスク、町並みによって「世界の半分」といわれるほど人や富を集めた。数ある中東遺跡の中でも随一とされるペルセポリスなどのスポットも点在。気さくでおもてなし精神の高いお国柄ともいわれている。

国旗の由来 緑はイスラム教、白は平和、赤は勇気。緑と赤の内側の柄は『神は偉大なり』の聖句を図案化したもので、中央の図は剣と4個の三日月からなる国章。

このスポーツ選手がすごい！

ホセイン・レザザデ（重量挙げ）

1999年世界選手権に初出場でスナッチの世界記録、2000年シドニー五輪105kg超級では世界新記録（当時）で金メダル、2004年アテネ五輪も世界記録で2連覇を達成したイランの伝説的英雄。

DATA

建国年：1979年 国旗の制定年：1980年 面積：164.8万平方キロメートル（日本の約4.4倍）人口：8,000万人（2016年）首都：テヘラン 言語：ペルシャ語、トルコ語、クルド語他 民族：ペルシャ人（他にアゼリ系トルコ人、クルド人、アラブ人等）宗教：イスラム教（主にシーア派）、キリスト教、ユダヤ教、ゾロアスター教他 国家元首：セイエド・アリー・ハメネイ師 通貨：リアル 在留邦人数：678人（2016年）在日イラン人数：3,988人（2017年）日本との国交樹立年：1939年 時差：-5.5時間

■近代五輪メダル数

大会	夏	冬
金	19	0
銀	22	0
銅	28	0
合計	69	0

出場28回（夏17回／冬11回）

主な有名人 アリ・ダエイ（サッカー選手） キーミヤー・アリーザーデ（テコンドー選手）

India インド

インド

（比率 2:3）

国の歴史・概要

急激な成長を遂げるアジアの大国。

仏教発祥の地でもあるこの国の人口は世界第2位。ガンジス川やヒマラヤ山脈などスケール感たっぷりの面積は世界7位の南アジアの大国。気候も言語も宗教も多様な国。インダス文明に遡る歴史と文化遺産にくわえ、近年は急激な経済成長で世界進出を遂げている屈指の新興国だ。

国旗の由来 横三色のオレンジは勇気と犠牲、白は平和と真理、緑は中世と礼節。中央の紋章は法輪で24本の放射線は1日の時間および人生と進歩を表す。

このスポーツ選手がすごい！

スシル・クマール（レスリング）

2008年北京五輪のフリースタイル66kg級で銅メダル、2012年ロンドン五輪では銀メダルを獲得。2010年の世界選手権では同国初の世界王者に輝いたインド・レスリング界の英雄的存在。

DATA

建国年：1947年 国旗の制定年：1947年 面積：328万7,469平方キロメートル（日本の約8.7倍）人口：12億1,057万人（2011年）首都：ニューデリー 言語：ヒンディー語（公用語／憲法で公認されている州言語は21）民族：インド・アーリヤ族、ドラビダ族、モンゴロイド族他 宗教：ヒンドゥー教、イスラム教、キリスト教、シク教、仏教、ジャイナ教 国家元首：ラーム・ナート・コヴィンド大統領 通貨：ルピー 在留邦人数：9,197人（2017年）在日インド人数：31,689人（2017年12月）日本との国交樹立年：1952年 時差：-3.5時間

■近代五輪メダル数

大会	夏	冬
金	9	0
銀	6	0
銅	11	0
合計	26	0

出場33回（夏24回／冬9回）

主な有名人 マハトマ・ガンジー（宗教家、政治指導者） シンドゥ・プサルラ（バドミントン選手）

Republic of Indonesia　インドネシア共和国

インドネシア

（比率 2:3）

</br>

////////// **国の歴史・概要** //////////

17,000を数える"インドの島々"。

インドネシアは「インドの島々」という意味。その名の通りアジア大陸とオーストラリア大陸の間にある17,000の島々からなる国だ。主な島はジャワ、スマトラ、カリマンタン、スラウェシ。世界最大級の仏教寺院やバリ島など観光地としても人気。バドミントンやビリヤードが盛ん。

国旗の由来〉マジャパイト王国時代や20世紀の独立運動で使われた『高貴な二色旗』。赤は勇気、白は正義と純潔。モナコ公国と同デザインだが縦横比が異なる。

このスポーツ選手がすごい！

タウフィック・ヒダヤット（バドミントン）

17歳で世界ランク1位に上りつめた天才。2004年アテネ五輪金メダル獲得、翌2005年世界選手権でも優勝し、男子シングルス史上初の五輪、世界選手権の両タイトルを獲得した選手となった。

DATA

建国年：1945年 国旗の制定年：1945年 面積：192万平方キロメートル（日本の約5倍）人口：約2億5500万人（2015年）首都：ジャカルタ 言語：インドネシア語 民族：大半がマレー系（ジャワ、スンダ等約300種族）宗教：イスラム教、キリスト教、ヒンドゥー教、仏教他 国家元首：ジョコ・ウィドド大統領 通貨：ルピア 在留邦人数：1万9,717人（2017年）在日インドネシア人数：4万9,982人（2018年）日本との国交樹立年：1958年 時差：-2時間

■近代五輪メダル数

大会	夏	冬
金	7	0
銀	13	0
銅	11	0
合計	31	0

出場15回（夏15回／冬0回）

主な有名人 スリ・ワヒュニ・アグスティアニ（重量挙げ選手） デヴィ・スカルノ（タレント）

IOCコード：UZB

Republic of Uzbekistan ウズベキスタン共和国

ウズベキスタン

カザフスタン
ウズベキスタン
トルクメニスタン

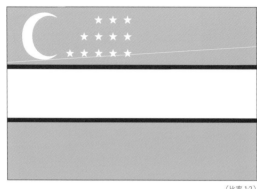

（比率 1:2）

国の歴史・概要

シルクロードの中継地として栄えた帝国。

1991年ソ連解体とともに独立。かつてシルクロードの中継地として栄えた大帝国で中央アジアを代表する観光国家のひとつ。青の都・サマルカンドやオアシス都市・ブハラなどインスタ映えする観光地が人気。養蚕・絹産業復活の動きもあり地域大国としての地位向上をめざしている。

国旗の由来〉水と空を表す青に描かれた三日月はイスラム教と独立の象徴で星は12カ月と十二宮図。白は平和、緑は新しい生活と自然、仕切り線の赤は民衆の生命力。

このスポーツ選手がすごい！

ウラジミール・シン（ボクシング）

選手時代は旧ソ連ライトミドル級チャンピオン。指導者としてはウズベキスタン専務理事兼強化委員長として2016年のリオ五輪で出場国最多の7個のメダルをもたらした。

DATA

建国年：1991年 国旗の制定年：1991年 面積：44万7,400平方キロメートル（日本の約1.2倍）人口：3,280万人（2019年）首都：タシケント 言語：ウズベク語（公用語）、ロシア語 民族：ウズベク系（83.8%）、タジク系（4.8%）、カザフ系（2.5%）、ロシア系（2.3%）宗教：主としてイスラム教スンニ派 国家元首：シャフカット・ミルジヨーエフ大統領 通貨：スム 在留邦人数：132人（2017年）在日ウズベキスタン人数：3,951人（2018年）日本との国交樹立年：1992年 時差：-4時間

■近代五輪メダル数

大会	夏	冬
金	9	0
銀	7	0
銅	17	0
合計	33	0

出場15回（夏6回／冬7回）

主な有名人 オクサナ・チュソビチナ（体操選手） アルトゥール・タイマゾフ（レスリング選手）

15

Sultanate of Oman オマーン国

オマーン

（比率 1:2）

国の歴史・概要

日本との意外な縁もある中東の親日国。

元国王のタイムール（現国王の祖父）が神戸滞在中に当時19歳の大山清子を見初めて結婚、そんな縁もあって親日国で、めざすは「中東の日本」。産油国で貧富の差も少なく治安も安定、インフラも整備され都市部の街は清潔。雨が降るのは年間で3日あるかないかの"晴天国"でもある。

国旗の由来 イスラム伝統色の赤は外部からの侵略者との闘い、白は繁栄と平和、緑は豊かな国土。左上の国章はスルタンの権威のシンボルである短剣と太刀。

このスポーツ選手がすごい！

アリ・アル・ハブシ（サッカー）

ゴールキーパー。母国では消防士をしながらプレーし、2003年にノルウェーの名門リン・オスロに移籍、初めて欧州へ渡ったオマーンのプロサッカー選手となった。現在も現役でプレーする英雄。

DATA

建国年：1995年 国旗の制定年：1995年 面積：30万9,500平方キロメートル（日本の約85％）人口：465万人（2018年）首都：マスカット 言語：アラビア語（公用語）、英語 宗教：イスラム教（イバード派が主流）国家元首：カブース・ビン・サイード国王陛下 通貨：オマーン・リアル 在留邦人数：156人（2017年）在日オマーン人数：32人（2018年）日本との国交樹立年：1972年 時差：-5時間

■近代五輪メダル数

大会	夏	冬
金	0	0
銀	0	0
銅	0	0
合計	0	0

出場9回（夏9回／冬0回）

主な有名人 ブサイナ・ビント・タイムール（王女） スワーダ・アル・ムダファーラ（日系オマーン人一世）

IOCコード：KAZ

Republic of Kazakhstan カザフスタン共和国

カザフスタン

ロシア
カザフスタン
中国
アフガニスタン

（比率 1:2）

国の歴史・概要

近未来感満載の未来都市と豊富な資源。

中央アジア北部に位置する草原と半砂漠の国。面積は世界第9位。首都建設計画は故黒川紀章氏が基本設計を担当し、世界でも唯一無二の"未来都市"を建設中。石油と天然ガス、レアアースなどの地下資源が豊富。外貨導入に積極的でロシア、米国、EU、日本、中国との関係も良好。

国旗の由来〉伝統色の青は空と平和、幸福への祈り。黄色は希望、太陽は高い理想、翼を広げた鷲は自由を示す。旗竿側に描かれているのは民族特有の装飾模様。

このスポーツ選手がすごい！

デニス・テン（フィギュアスケート）

2014年ソチ五輪で銅メダルを獲得、同国の同競技選手として初めて表彰台に。フィギュアスケートを通じて母国をPRし、その美しい滑りと人柄で世界中から愛されたが2018年、刺殺された。

DATA

建国年:1991年 国旗の制定年:1992年 面積:272万4,900平方キロメートル（日本の7倍）人口:1,860万人（2019年）首都:ヌルスルタン 言語:カザフ語が国語（公用語はロシア語）民族:カザフ系、ロシア系、ウズベク系、ウクライナ系、ウイグル系、タタール系、ドイツ系他 宗教:イスラム教、ロシア正教 国家元首:カシム＝ジョマルト・トカエフ大統領 通貨:テンゲ 在留邦人数:163人（2017年）在日カザフスタン人数:558人（2018年）日本との国交樹立年:1992年 時差:-3時間

■近代五輪メダル数

大会	夏	冬
金	16	1
銀	22	3
銅	20	4
合計	57	8

出場13回（夏6回、冬7回）

主な有名人 リビーナ・アルシンベコバ（バレー選手） ゲンナジー・ゴロフキン（ボクシング選手）

カタール

（比率 11:28）

国の歴史・概要

中東初のサッカーW杯開催予定国。

国土は秋田県より小さい小国だが、1940年に石油が発見されて発展の契機をつかみ、現在天然ガスの埋蔵量は世界3位。日本では国名より首都ドーハや、世界のジャーナリズムに一石を投じ続けるアルジャジーラのほうが"通り"はいいかも。2022年サッカーW杯開催予定国。

国旗の由来〉世界で最も横幅が長い国旗。白は平和、えび茶色は過去の闘いで流した血。9個のジグザグは9番目の湾岸イギリス保護領だった事実を表している。

このスポーツ選手がすごい！

ムタズ・エサ・バルシム（陸上）

2012年ロンドン五輪男子走高跳で銅メダル。翌2013年には2m40のアジア新を記録。2016年リオ五輪で銀メダル、2017年世界陸上ではアジア勢で初めて同種目を制覇したカタールの鳥人。

DATA

建国年:1971年 国旗の制定年:1971年 面積:1万1,427平方キロメートル（秋田県よりもやや狭い面積に相当）人口:271万人（2018年）首都:ドーハ 言語:アラビア語 民族:アラブ人 宗教:イスラム教 国家元首:シェイク・タミーム・ビン・ハマド・アール・サーニ首長 通貨:カタール・リヤル 在留邦人数:956人（2018年）在日カタール人数:26人（2018年6月）日本との国交樹立年:1972年 時差:-6時間

■近代五輪メダル数

大会	夏	冬
金	0	0
銀	1	0
銅	4	0
合計	5	0

出場9回（夏9回／冬0回）

IOCコード：KOR

Republic of Korea　　　　大韓民国

韓国

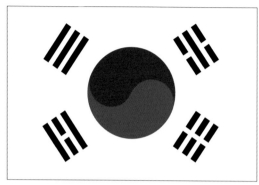

（比率 2:3）

国の歴史・概要

デリケートな問題を常に抱える"南側"。

第二次世界大戦後の米ソ両国による朝鮮南北分割占領を背景に、北緯38度線を境界に分断され、1948年半島南側に成立した。以後、歴代政権は民主化と統一を求める対立を常に抱えている。日本とは観光、食文化、芸能部門などにおける関係は深いが政治外交部分での溝もまた深い。

国旗の由来〉同国で長く使われる陰陽の意匠「太極」を配した「太極旗」。太極は宇宙、陰（青）と陽（赤）など相反するものとの調和を表す。四隅の卦は天地水火。

このスポーツ選手がすごい！

キム・ヨナ（フィギュアスケート）

2010年バンクーバー五輪で金、2014年ソチ五輪で銀を獲得。技術・表現ともにハイレベルでジュニア時代から引退まで出場した全試合で表彰台に。国内でも絶大な人気で「国民の妹」と呼ばれた。

DATA

建国年：1948年 国旗の制定年：1950年 面積：10万平方キロメートル（日本の約4分の1）人口：5,127万人（2016年）首都：ソウル 言語：韓国語 民族：漢民族 宗教：仏教、プロテスタント、カトリック他 国家元首：文在寅大統領 通貨：ウォン 在留邦人数：3万8,045人（2016年）在韓国人数：45万2,953人（2017年）日本との国交樹立年：1965年 時差：0時間

■近代五輪メダル数

大会	夏	冬
金	90	31
銀	88	25
銅	90	14
合計	268	70

出場35回（夏17回／冬10回）

主な有名人 ソン・ノンミン（サッカー選手） リュ・ヒョンジン（野球選手） ペ・ヨンジュン（俳優）　　19

Kingdom of Cambodia　　　　カンボジア王国

カンボジア

（比率 2:3）

////////// 国の歴史・概要 //////////

陰の時代を乗り越え"訪れたい国"へ。

1975年から4年続いたポル・ポト時代の大量虐殺で年配層が極端に少ないこの国も近年は発展を遂げ現在はアンコールワットが「行ってみたい世界遺産」で上位に、「もう一度訪れたい国」ランキングでも上位の常連に。観光や食、人々が醸し出す癒しの空気感がその要因となっている。

国旗の由来〉国の起源であり、象徴であるアンコールワット遺跡を中央に配した国旗。青は王室の権威、赤は国家と国民の忠誠心、白は仏教を表している。

このスポーツ選手がすごい！

チャン・ワタナカ（サッカー）

カンボジアでも人気の高いサッカー。その中からカンボジア選手として初めてJリーグ（藤枝MYFC）に移籍（出場はJ3で3試合）。その後マレーシアを経て現在カンボジアリーグに復帰している。

DATA

建国年：1953年 国旗の制定年：1993年 面積：18万1,000平方キロメートル（日本の約2分の1弱）人口：1,630万人（2018年）首都：プノンペン 言語：カンボジア語 民族：人口の90％がカンボジア人（クメール人）とされている 宗教：仏教、イスラム教 国家元首：ノロドム・シハモニ国王 通貨：リエル 在留邦人数：約3,500人（2017年）在日カンボジア人数：1万1,210人（2018年）日本との国交樹立年：1955年 時差：-2時間

■近代五輪メダル数

大会	夏	冬
金	0	0
銀	0	0
銅	0	0
合計	0	0

出場9回（夏9回／冬0回）

主な有名人 アオク・ソクンカンヤー（歌手）　猫ひろし（タレント、陸上選手）

North Korea 朝鮮民主主義人民共和国

北朝鮮

中国

北朝鮮

韓国

日本

（比率 1:2）

国の歴史・概要

朝鮮半島北側の社会主義共和制国家。

1948年に朝鮮半島の北緯38度以北に建国された社会主義共和制国家。石炭、鉄などの資源には恵まれながら設備の老朽化などで産業としては衰退。建国以降、分断した韓国とは緊張状態が続くが、ロシアとは比較的有好な関係にある。その一方で日本、アメリカとは国交を有していない。

国旗の由来 赤は革命で流された血、白は輝ける歴史的文化を持つ朝鮮民族、青は国家の主権と平和への願い。赤い五角星は社会主義社会の建設、白い円は陰陽の意。

このスポーツ選手がすごい！

ケー・スンヒ（柔道）

1996年アトランタ五輪女子柔道48kg級で田村亮子を破って金メダルを獲得。帰国後は国内の最高勲章・金日成勲章と労働英雄の称号、乗用車や高級アパート、朝鮮労働党員資格などを贈られた。

DATA

建国年：1948年 国旗の制定年：1948年 面積：12万余平方キロメートル（日本の33％に相当）人口：2,515万5000人（2015年）首都：平壌 言語：朝鮮語 民族：朝鮮民族 宗教：仏教徒連盟、キリスト教徒連盟等の団体があるとされるが、信者数等は不明 国家元首：金正恩党委員長 通貨：ウォン 在日朝鮮人数：53万7,000人（2016年）時差：0時間

■近代五輪メダル数

大会	夏	冬
金	16	0
銀	15	1
銅	23	1
合計	54	2

出場19回（夏10回／冬9回）

主な有名人 リ・ヤガァン（体操選手） オム・ユンチョル（重量挙げ選手）

Kyrgyz Republic　キルギス共和国

キルギス

（比率 3:5）

国の歴史・概要

ルーツは草原で遊牧生活を続けた民族。

シルクロードの要衝のひとつで、国土の大半は天山山脈とパミール高原からなる。そのルーツは遊牧生活を続けた民族。1991年ソ連崩壊により独立。山からの雪解け水をたたえ「中央アジアの真珠」といわれるイシク・クル湖や美しい高原、秘湯など大自然を擁する保養地としても有名。

国旗の由来 赤は勇敢さと勇気、黄色は平和と豊かさを。太陽（＝永遠）の中央部分は遊牧民の移動式テント（ユルト）を上から見た形。40本の"光"は部族の数。

このスポーツ選手がすごい！

オルズベック・ナザロフ（ボクシング）

1989年、勇利アルバチャコフとともに来日。翌年「グッシー・ナザロフ」のリングネームで協栄ジムからプロデビューし1993年、無敗のままWBA世界ライト級王者となり6度の防衛に成功した。

DATA

建国年：1991年 国旗の制定年：1992年 面積：19万8,500平方キロメートル（日本の約半分）人口：620万人（2019年）首都：ビシュケク 言語：キルギス語が国語（公用語はロシア語）民族：キルギス系、ウズベク系、ロシア系等（2018年）宗教：主にイスラム教スンニ派 国家元首：ソオロンバイ・ジェエンベコフ大統領 通貨：ソム 在留邦人数：135人（2017年）在日キルギス人数：637人（2018年）日本との国交樹立年：1992年 時差：-3時間

■近代五輪メダル数

大会	夏	冬
金	0	0
銀	1	0
銅	3	0
合計	4	0

出場13回（夏6回／冬7回）

主な有名人 エイディン・スマグロフ（柔道選手）　カナトベク・バガリエフ（レスリング選手）

IOCコード：KUW

ASIA
EUROPE
OCEANIA
AFRICA
AMERICA

State of Kuwait クウェート国

クウェート

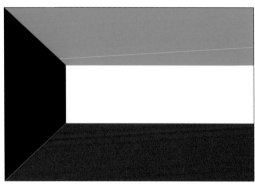

（比率 1:2）

国の歴史・概要

ペルシャ湾の小国は世界有数の産油地。

18世紀アラビア半島中央部から移住した部族がルーツ。1899年に英国の保護国となるが1938年の大油田発見で1961年に独立した。経済構造は石油部門を中心とするモノカルチャーで国民の94％が国家公務員か国営企業に勤める。東日本大震災の被災地に対して積極的に支援活動を展開。

国旗の由来 汎アラブ色の4色は13世紀の詩に由来するもので、黒は国土を守る戦闘、緑はアラブの土地、白は戦士の純粋さ、赤は剣についた血を表している。

このスポーツ選手がすごい！

フェハイド・ディハニ（射撃）

2000年シドニー五輪の男子射撃競技でクウェート初のメダルとなる銅を獲得、2012年ロンドン五輪でも銅。2016年リオ五輪では金を獲得するも同国の参加資格剥奪で国旗は掲揚されなかった。

DATA

建国年:1961年 国旗の制定年:1961年 面積:1万7,818平方キロメートル（四国とほぼ同じ）人口:475万人（うちクウェート人141万人／2019年）首都:クウェート 言語:アラビア語 民族:アラブ人 宗教:イスラム教 国家元首:シェイク・サバーハ・アル・アハマド・アル・ジャービル・アル・サバーハ首長殿下 通貨:クウェート・ディナール 在留邦人数:297人（2019年）日本との国交樹立年:1961年 時差:-6時間

■近代五輪メダル数

大会	夏	冬
金	0	0
銀	0	0
銅	2	0
合計	2	0

出場12回（夏12回／冬0回）

主な有名人 バシャール・アブドゥッラー（サッカー選手）　クウェーティー兄弟（音楽家）

23

Kingdom of Saudi Arabia　サウジアラビア王国

サウジアラビア

（比率 2:3）

////////// 国の歴史・概要 //////////

"サウード家のアラビア" は中東の大国。

アラビア半島の8割を占め、人口は3,000万人を超える中東の大国。国名は1932年より国を統治した「サウード家のアラビア」の意で、国王がイスラム教の二大聖地メッカとメディナの守護者として君臨する特異な国家。世界屈指の石油輸出国で経済は好調。最大の原油輸出相手国は日本。

国旗の由来 イスラム教を象徴する緑に書かれたコーランの聖句は「アッラーの他に神はなくムハンマドはアッラーの使徒なり」。剣はイスラムの力と聖地メッカの守護。

このスポーツ選手がすごい！

サーミー・アル＝ジャービル（サッカー）

「砂漠の英雄」の異名を持つサウジアラビアの英雄。同国初出場のW杯で決勝トーナメント進出に貢献した1994年大会から、アジア人で3人目となる4大会連続出場を果たしている。

DATA

建国年:1932年 国旗の制定年:1973年 面積:215万平方キロメートル（日本の約5.7倍）人口:3,294万人（2016年）首都:リヤド 言語:アラビア語（公用語）民族:アラブ人 宗教:イスラム教 国家元首:サルマン・ビン・アブドルアジーズ・アール・サウード国王 通貨:サウジアラビア・リヤル 在留邦人数:1,362人（2017年）日本との国交樹立年:1955年 時差:-6時間

■近代五輪メダル数

大会	夏	冬
金	0	0
銀	1	0
銅	2	0
合計	3	0

出場11回（夏11回／冬0回）

主な有名人 ハイファ・アル＝マンスール（映画監督） スティーブン・ムーア（ラグビー選手）

IOCコード：SYR

ASIA
EUROPE
OCEANIA
AFRICA
AMERICA

Syrian Arab Republic シリア・アラブ共和国

シリア

トルコ
シリア
ヨルダン

（比率 2:3）

国の歴史・概要

石油以外にも農業や軽工業も。

地中海東岸に位置する国で古代文明が栄えた地。16世紀にオスマン帝国の支配下に入り、1920年にフランス委任統治領になるが1946年に独立。1956年に油田を発見。綿花や小麦などの農業や軽工業もみられるなど顕著な石油依存経済ではないが、長期にわたる内戦で情勢は不安定。

国旗の由来〉4色の汎アラブ色が使われている。赤は革命と剣、白は正義と善、黒は戦いを、2つの緑の星は美しい大地とアラブの団結を表している。

DATA

建国年：1946年 国旗の制定年：1980年 面積：18万5,000平方キロメートル（日本の約半分）人口：2,240万人（2012年）首都：ダマスカス 言語：アラビア語 民族：アラブ人（90.3%）、クルド人、アルメニア人、その他（9.7%）宗教：イスラム教、キリスト教 国家元首：バッシャール・アル・アサド大統領 通貨：シリア・ポンド 日本との国交樹立年：1953年 時差：-7時間

このスポーツ選手がすごい！

ガーダ・シュアー（陸上）

七種競技をはじめたのが1991年で翌年のバルセロナ五輪に出場したという天才肌で、1996年アトランタ五輪の女子七種競技で金を獲得。これは五輪でシリアの獲得している唯一の金メダルである。

■近代五輪メダル数

大会	夏	冬
金	1	0
銀	1	0
銅	1	0
合計	3	0

出場13回（夏13回／冬0回）

主な有名人 ムハンマド・ファーリス（宇宙飛行士）　ラフェド・エル＝マスリ（競泳選手）

Republic of Singapore　シンガポール共和国

シンガポール

（比率 2:3）

国の歴史・概要

2019年度版世界競争力報告、第1位。

マレー半島南の都市国家。東京23区と同程度のシンガポール島と周囲の小さな島々からなる。14世紀ごろ、時の王国の王子が白いたてがみのライオンに似た動物を目撃したことから「ライオンの町」を意味する国名に。2019年度の世界競争力報告では米国を抜いて初めて世界1位となった。

国旗の由来 赤は全人類の友愛と平等、白は純粋さと美徳。赤地に描かれている5つの星は民主主義、平和、進歩、正義、平等。三日月は国家の発展を表している。

このスポーツ選手がすごい！

ジョセフ・スクーリング（競泳）

2016年リオ五輪男子100mバタフライで王者・フェルプスを抑えて同国初の金メダルを獲得。このとき記録した50秒39秒はアジア新記録であり五輪新記録。弱冠21歳の快挙であった。

DATA

建国年：1965年 国旗の制定年：1965年 面積：720平方キロメートル（東京23区と同程度）人口：564万人（2019年）首都：なし（都市国家）言語：国語はマレー語。公用語として英語、中国語、マレー語、タミール語 民族：中華系、マレー系、インド系 宗教：仏教、イスラム教、キリスト教、道教、ヒンズー教 国家元首：ハリマ・ヤコブ大統領 通貨：シンガポール・ドル 在留邦人数：3万6,423人（2017年）在日シンガポール人数：8,622人（2018年）日本との国交樹立年：1966年 時差：-1時間

■近代五輪メダル数

大会	夏	冬
金	1	0
銀	2	0
銅	2	0
合計	5	0

出場17回（夏16回／冬1回）

主な有名人 ポール・リム（ダーツ選手）　フォン・ティエンウェイ（卓球選手）

IOCコード：SRI　　　**スリランカ民主社会主義共和国**

Democratic Socialist Republic of Sri Lanka

スリランカ

インド
スリランカ
モルディブ

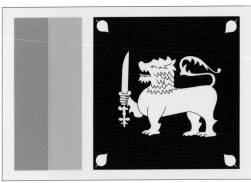

（比率 1:2）

/////// **国 の 歴 史 ・ 概 要** ///////

注目度右肩上がりの「聖なる光輝く島」。

インド洋に浮かぶ島国の国名の由来は「聖なる光
輝く島」。紅茶の生産量は世界第3位で、かつて
の国名「セイロン」は紅茶の代名詞となっている。
2009年には26年間続いた内戦も終結。豊かな自
然にも恵まれているこの国には8つの世界遺産や
オーガニックグルメもあり注目度は上昇中。

国旗の由来〉黄色は仏教による国家と国民の加護、緑はイ
スラム教徒、橙はヒンズー教徒。剣を持つライオンは国
のシンボル、四隅に配された菩提樹の葉は仏教を表す。

このスポーツ選手がすごい！

スサンティカ・ジャヤシンゲ（陸上）

1997年の世界陸上200mで銀、2000年シドニー五
輪200mではスリランカで52年ぶりとなるメダル
（銀）を獲得するなど、90年代から00年代にかけ
て世界の舞台で活躍した女子短距離選手。

DATA

建国年：1948年 国旗の制定年：1978
年 面積：6万5,610平方キロメートル
（北海道の約0.8倍）人口：2,103万
人（2016年）首都：スリ・ジャヤワル
ダナプラ・コッテ 言語：公用語はシ
ンハラ語、タミル語、連結語は英語
民族：シンハラ人、タミル人、スリラ
ンカ・ムーア人 宗教：仏教、ヒンドゥ
教、イスラム教、キリスト教 国家元
首：マイトリーパーラ・シリセーナ大
統領 通貨：ルピー 在留邦人数：767
人（2018年）在日スリランカ人数：
2万5,074人（2018年）日本との国
交樹立年：1952年 時差：-3.5時間

■近代五輪メダル数

大会	夏	冬
金	0	0
銀	2	0
銅	0	0
合計	2	0

出場17回（夏17回／冬0回）

主な有名人 ダンカン・ホワイト（陸上選手）　ワサンタ・カランナゴダ（元駐日全権大使）

Kingdom of Thailand タイ王国

タイ

（比率 2:3）

日本とも親密な関係を築く歴史ある王国。

東南アジアでは唯一植民地支配を受けず、長い王朝時代の歴史を持つ立憲君主国。インドシナ半島中央部に位置し、インドや中国からの影響を受けつつも独自の文化を形成。タイ料理にビーチリゾート、遺跡なども人気で、日本の皇室とタイの歴代王朝は600年前から親密な関係。

国旗の由来 ＞ 青白赤の3色を使った横縞国旗。青は国王、白は王室の象徴とされる白象に由来し、仏教に護られた国民を。そして赤は国民の血を表している。

このスポーツ選手がすごい！

チャチャイ・チオノイ（ボクシング）

WBC、WBAの二大メジャー団体で世界フライ級王者に輝いた「稲妻小僧」。大場政夫や花形進、関光徳、海老原博幸ら多くの日本人選手と熱戦を演じタイの英雄的存在に。2018年死去。

DATA

建国年:1939年 国旗の制定年:1917年 面積:51万4,000平方キロメートル（日本の約1.4倍）人口:6,891万人（2017年）首都:バンコク 言語:タイ語 民族:大多数がタイ族、華人、マレー族など 宗教:仏教、イスラム教 国家元首:マハー・ワチラロンコン・プラワチラクラーオチャオユーファ国王陛下（ラーマ10世王）通貨:バーツ 在留邦人数:7万2,754人（2017年）在日タイ人数:5万1,003人（2018年）日本との国交樹立年:1887年 時差:-2時間

■近代五輪メダル数

大会	夏	冬
金	9	0
銀	8	0
銅	13	0
合計	30	0

出場20回（夏16回／冬4回）

主な有名人 トニー・ジャー（俳優）　ブアカーオ・ポー．プラムック（ムエタイ、K-1選手）

Taiwan 台湾

台湾

（比率 2：3）

ASIA

EUROPE

OCEANIA

AFRICA

AMERICA

//////// 国の歴史・概要 ////////

複雑な背景に翻弄される"独立国家"。

古来より東アジア交易圏の中継地として栄えたが、17世紀以降はポルトガル、オランダ、スペインなどが進出。1895年日本に割譲されるが第二次世界大戦後に中国が統治。実質的には独立国家だが1970年代に国連代表権が中国に移ったため独立主権国家とは認められていない。

国旗の由来 建国の父・孫文が唱えたとされる三民主義（赤＝民族主義、青＝民権主義、白＝民生主義）が由来と言われ、「青天白日満地紅旗」と呼ばれる。

このスポーツ選手がすごい！

紀政（陸上）

1968年メキシコシティ五輪女子80mハードル銅メダリスト。アメリカの大学に留学中、154レース中153回勝利し、1970年には1週間の間に3回の世界新・タイ記録を出したという伝説の持ち主。

DATA

建国年：1949年 国旗の制定年：1928年 面積：3万6,000平方キロメートル（九州よりやや小さい）人口：2,359万人（2018年）首都：台北 言語：中国語、台湾語、客家後等 宗教：仏教、道教、キリスト教 国家元首：蔡英文総統 通貨：新台湾ドル 在留邦人数：21,054人（2017年）時差：-1時間

■近代五輪メダル数

大会	夏	冬
金	5	0
銀	7	0
銅	12	0
合計	24	0

出場30回（夏18回／冬12回）

主な有名人 テレサ・テン（歌手） 陽岱鋼（野球選手） 陳詩欣（テコンドー選手）

カザフスタン

タジキスタン

中国

アフガニスタン

Republic of Tajikistan　タジキスタン共和国

タジキスタン

（比率 1:2）

国の歴史・概要

中央アジア南東部の小さな共和制国家。

国土の9割以上がパミール高原などの山岳地帯の共和制国家。中央アジア5国の中の最小国であり、唯一のイラン系民族国家。1929年にソ連の構成国となるが、1991年に独立。異国の服着用や卒業パーティの禁止、あごヒゲの長さ規定など不思議な"掟"を連発する国でもある。

国旗の由来 赤は国家主権、白は主要産業の綿花、緑は農産物を表している。黄色で描かれた紋章の冠は国民、7個の五角星は天国にあるという7つの果樹園。

このスポーツ選手がすごい！

ディルショド・ナザロフ（陸上）

男子ハンマー投げ。2004年アテネから五輪に出場し、4大会目の2016年リオ五輪でタジキスタン初となる金メダルを獲得。北京・リオでは旗手を務めるなど同国スポーツ界の顔的存在。

DATA

建国年：1991年 国旗の制定年：1992年 面積：14万3,100平方キロメートル（日本の約40％）人口：930万人（2019年）首都：ドゥシャンベ 言語：公用語はタジク語 民族：ズベク系、キルギス系、ロシア系他 宗教：イスラム系スンニ派 国家元首：エマモリ・ラフモン大統領 通貨：ソモニ 在留邦人数：36人（2017年）在日タジキスタン人数：223人（2018年）日本との国交樹立年：1992年 時差：-4時間

■近代五輪メダル数

大会	夏	冬
金	1	0
銀	1	0
銅	2	0
合計	4	0

出場10回（夏6回／冬4回）

主な有名人 ユスプ・アブドサロモフ（レスリング選手） ラスル・ボキエフ（柔道選手）

IOCコード：CHN

ASIA

EUROPE

OCEANIA

AFRICA

AMERICA

People's Republic of China 　中華人民共和国

中国

（比率 2:3）

国の歴史・概要

"世界の中心"に躍り出たアジアの大国。

アジア大陸東部を占める広大な国土を持ち、人口は世界最大。その繁栄の歴史は4000年におよぶとも伝えられ、日本にも多くの文化的影響を与えた。近年の自由化と近代化により街は大きく変貌を遂げ、経済・産業など様々な分野で"世界の中心"に躍り出たアジアの大国である。

国旗の由来〉「五星紅旗」と呼ばれる国旗の赤は革命を、黄色は光明を表す。大きな星は中国共産党を象徴し、小さな4個の星は中国人民の団結を表している。

このスポーツ選手がすごい！

劉翔（陸上）

10代から世界レベルの記録を出し、2004年アテネ五輪男子110mハードルでは金メダルを獲得。アジア人唯一の五輪陸上トラック種目金メダリストとなった「黄金の昇り龍」。

DATA

建国年：1949年 国旗の制定年：1949年 面積：960万平方キロメートル（日本の 約26倍）人口：13億9,000万人 首都：北京 言語：漢語（中国語）宗教：仏教、イスラム教、キリスト教など 国家元首：習近平 通貨：人民元 在留邦人数：12万4,162人（2017年）在日中国人数：74万1,656人（2018年）日本との国交樹立年：1972年 時差：-1時間

■近代五輪メダル数

大会	夏	冬
金	227	13
銀	166	28
銅	154	21
合計	547	62

出場21回（夏10回／冬11回）

主な有名人 姚明（バスケットボール選手）　丁寧（卓球選手）　ファン・ビンビン（女優）

Turkmenistan　　　　　　　　　　トルクメニスタン

トルクメニスタン

（比率 2:3）

国の歴史・概要

「永世中立国」の地位をもつ共和制国家。

中央アジアのカスピ海南東沿岸部。1991年ソ連解体に伴い独立。砂漠が国土の70％、天然ガスの資源大国。世界中から旅行者が訪れる「地獄の門」や中央アジア最大ともいわれる遺跡・メルブ遺跡といった観光資源もある。1995年の国連総会で「永世中立国」の地位を認められている。

国旗の由来 緑はイスラム教、三日月は未来、星は国を構成する5州。図柄は5部族伝統の絨毯模様、その下に永世中立国記念として加えられたオリーブの枝。

このスポーツ選手がすごい！

グルバダム・ババムラトワ（柔道）

2014年の仁川アジア大会女子52kg級で2位、2015年世界選手権で5位。2012年にはサンボの世界選手権52kg級で優勝、2013年ユニバーシアードのベルトレスリング52kg級でも優勝している。

DATA

建国年:1991年 国旗の制定年:2001年 面積:48万8,000平方キロメートル（日本の1.3倍）人口:590万人（2019年）首都:アシガバット 言語:公用語はトルクメン語 民族:タジク系、ウトルクメン系、ウズベク系、ロシア系、カザフ系等 宗教:主としてイスラム教スンニ派 国家元首:グルバングルィ・ベルディムハメドフ大統領 通貨:マナト 在留邦人数:71人（2017年）在日トルクメニスタン人数:74人（2018年）日本との国交樹立年:1992年 時差:-4時間

■近代五輪メダル数

大会	夏	冬
金	0	0
銀	0	0
銅	0	0
合計	0	0

出場6回（夏6回/冬0回）

主な有名人 マグトゥムグリ（詩人）　ルスラン・ミンガゾフ（サッカー選手）

IOCコード：JPN

ASIA
EUROPE
OCEANIA
AFRICA
AMERICA

Japan 日本国

日本

（比率 2:3）

アジア大陸東縁の"日出ずる国"。

古くは大和政権によって国家統一されたところから「やまと」と称したが、大化の改新のころに「日出ずる処」の意味で日本（ひのもと）となり、奈良時代以降に「にほん」「にっぽん」と呼ぶように。「Japan」はマルコポーロが「ジパング」と呼んだことによるものとされている。

国旗の由来〉赤・白の2色は日本の伝統色で赤は情熱や忠誠心、白は純粋さ、正直さを表す。中央の赤い丸は国名の由来でもある太陽をモチーフにしたもの。

このスポーツ選手がすごい！

イチロー（野球）

MLBシーズン最多安打記録保持者（262安打）、NPB/MLB通算4257安打はギネスで世界記録に認定。MLB10年連続200本安打達成。日本代表としてWBC2連覇に導いたスーパースター。

DATA

建国年：紀元前660年 国旗の制定年：1999年 面積：37万8,000平方キロメートル 人口：1億2,615万人（2019年）首都：東京 言語：日本語 宗教：仏教、神道、キリスト教 国家元首：安倍晋三首相 通貨：円

■近代五輪メダル数

大会	夏	冬
金	142	14
銀	134	22
銅	163	22
合計	439	58

出場43回（夏22回／冬21回）

主な有名人 黒澤明（映画監督） 村上春樹（作家） 草間彌生（芸術家）

Federal Democratic Republic of Nepal ネパール連邦民主共和国

ネパール

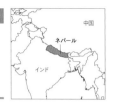

（比率4:3）

国の歴史・概要

豊かな自然の中に多民族が暮らす国。

東・西・南はインド、北はチベット自治区と接する国。最低標高は海抜70m、最高標高は世界最高峰エベレスト山頂の8,848m。小さな国土に山岳地帯や丘陵地、平原など豊かな自然環境が揃い、中世の建築物や100以上の民族が暮らす独自の町並みで魅惑の国とも呼ばれている。

国旗の由来〉世界で唯一方形ではない国旗。2つの三角形はヒマラヤ山脈、月と太陽は国家の繁栄を、赤は勇気、青は平和と調和を表している。

このスポーツ選手がすごい！

パレシャ・ガバルダン（テコンドー）

2020年東京パラリンピックで、同国初のメダルが期待されている女子テコンドー選手。170cm近い長身で高さのある鋭いキックが持ち味。2018年のアジアパラ選手権3位。世界ランキング12位。

DATA

建国年:1769年 国旗の制定年:1962年 面積:14.7万平方キロメートル（北海道の約1.8倍）人口:2,930万人（2017年）首都:カトマンズ 言語:ネパール語 民族:パルバテ・ヒンドゥー、マガル、タルー、タマン、ネワール等 宗教:ヒンドゥー教、仏教、イスラム教ほか 国家元首:ビディヤ・デヴィ・バンダリ大統領 通貨:ネパール・ルピー 在留邦人数:1,147人（2017年）在日ネパール人数:85,321人（2018年）日本との国交樹立年:1956年 時差:-3.25時間

■近代五輪メダル数

大会	夏	冬
金	0	0
銀	0	0
銅	0	0
合計	0	0

出場18回（夏13回／冬5回）

主な有名人 ラナ家（宰相家） ビディヤ・デビ・ヴィンダリ（大統領）

Kingdom of Bahrain　　　　　　　　バーレーン王国

バーレーン

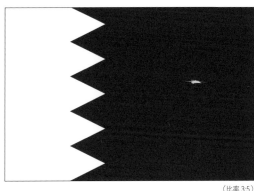

（比率 3:5）

国の歴史・概要

ペルシャ湾に浮かぶ島々からなる国。

ペルシャ湾に浮かぶ33の島々からなる国。古くから主要な貿易ルートで中東の金融拠点として繁栄。国名は「2つの海（海水と島に出る真水）」の意味で、「エデンの国」だったという説があるのは、豊かな水と緑に恵まれているから。イスラム国家だがアルコールOK、女性の服装も自由と戒律は穏やか。

国旗の由来〉赤は自由、白は純粋さと気品を表している。5個のジグザグはイスラム教の五行である「信仰告白・礼拝・断食・喜捨・巡礼」に基づいた意匠。

このスポーツ選手がすごい！

ルース・ジェベト（陸上）

ケニア出身バーレーン国籍。2016年リオ五輪女子3000m障害で唯一の8分台（8分59秒75）をマークして金メダルを獲得。12日後のパリ国際で8分52秒78の世界新を記録した19歳（当時）。

DATA

建国年：1971年 国旗の制定年：2002年 面積：769.8平方キロメートル（東京23区と川崎区を併せた面積とほぼ同じ）人口：150万3,000人（2018年）首都：マナーマ 言語：アラビア語 民族：アラブ人 宗教：イスラム教 国家元首：ハマド・ビン・イーサ・アール・ハリーファ国王 通貨：バーレーン・ディナール 在留邦人数：247人（2018年）日本との国交樹立年：1972年 時差：-6時間

■近代五輪メダル数

大会	夏	冬
金	2	0
銀	1	0
銅	0	0
合計	3	0

出場9回（夏9回／冬0回）

主な有名人 アリ・ハミス（陸上選手）　アラ・フバイル（サッカー選手）

Islamic Republic of Pakistan　パキスタン・イスラム共和国

パキスタン

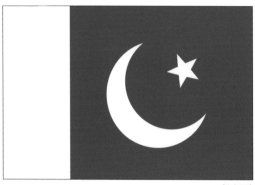

（比率2:3）

国の歴史・概要

多様な文化と民族が交流してきた国。

古代インダス文明が栄えた土地でシルクロードを使った交易が盛んに行われ、多様な文化と民族が交流してきた国だ。北部にはヒマラヤなど3つの山脈が交わり世界第2位の高峰・K2が聳える。桃源郷・フンザや文明遺跡、ガンダーラ美術や仏教が栄えた街もあり多彩な魅力に溢れている。

国旗の由来 ▷ 左の白帯はイスラム教徒以外の国民や少数民族、緑は繁栄。イスラム教のシンボルである三日月は進歩と発展、星は光と知識の象徴、白は平和を表す。

このスポーツ選手がすごい!

ムニル・ダル（ホッケー）

パキスタンで国民的人気を誇るホッケーのレジェンド。1956年メルボルン五輪で銀、1960年ローマ五輪でパキスタン史上初の金、そして1964東京五輪で銀と、3つのメダルを獲得している。

DATA

建国年:1947年 国旗の制定年:1947年 面積:79.6万平方キロメートル（日本の約2倍）人口:2億777万人（2017年）首都:イスラマバード 言語:国語はウルドゥー語、公用語は英語 民族:パンジャブ人、シンド人、パシュトゥーン人、バローチ人 宗教:イスラム教（国教）国家元首:アリフ・アルビ大統領 通貨:パキスタン・ルピー 在留邦人数:1,078人（2018年）在日パキスタン人数:1万5,583人（2018年）日本との国交樹立年:1952年 時差:-4時間

■近代五輪メダル数

大会	夏	冬
金	3	0
銀	3	0
銅	4	0
合計	10	0

出場20回（夏17回／冬3回）

主な有名人 イムラン・カーン（元クリケット選手、現首相）　マララ・ユスフザイ（人権運動家）

IOCコード：PLE

Palestine　　　　　　　　　　パレスチナ

パレスチナ

シリア
パレスチナ
ヨルダン
イスラエル
サウジアラビア

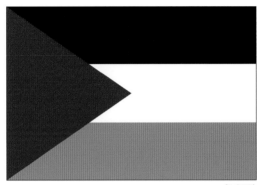

（比率 1:2）

国の歴史・概要

対立が繰り返されてきた悲運の歴史。

地中海の東岸、ヨルダン川西岸地区を中心にイスラエルの一部を含む地方。聖書時代はイスラエルとユダの両王国に分裂、20世紀はユダヤ人とアラブ人の紛争など、戦争やテロが繰り返されてきた。2012年に国連総会オブザーバーとして承認されたが国内の武力対立は終わっていない。

国旗の由来 もともと1964年にPLO旗として採用されたもの。赤は団結や勇気、黒は闘い、白は過去を偲ぶシンボルとして。そして緑は忠義を表している。

このスポーツ選手がすごい！

マヘル・アブ ルミラ（柔道）

柔道男子73kg級。同国は1996年アトランタ五輪以降毎回参加しているが出場10選手はいずれも招待選手。アブルミラは初めて選定基準を満たした代表として2012年ロンドン五輪に出場した。

DATA

建国年：1996年 国旗の制定年：1988年 面積：6,020平方キロメートル（西岸地区は三重県と同程度、ガザ地区は福岡市よりやや広い）人口：495万人（2017年）首都：ラマッラ 言語：アラビア語 民族：アラブ人 宗教：イスラム教、キリスト教 国家元首：マフムード・アッバース大統領（PLO議長兼任）通貨：自国通貨なし 在留邦人数：55人（2019年）在日パレスチナ人数：73人（2017年）時差：-6時間

■近代五輪メダル数

大会	夏	冬
金	0	0
銀	0	0
銅	0	0
合計	0	0

出場6回（夏6回／冬0回）

主な有名人 ヤセル・アラファト（初代大統領）　ムハマンド・アッサーフ（歌手）

People's Republic of Bangladesh　バングラデシュ人民共和国

バングラデシュ

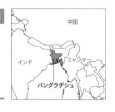

中国

インド　ミャンマー

バングラデシュ

（比率 3:5）

国の歴史・概要

成長の期待される「ネクスト11」の1つ。

1947年と1971年の2度の独立を経て誕生。インドとミャンマーに接する国でガンジス川をはじめとする3大河川の氾濫原に位置。面積は狭いが人口は世界8位。米の生産高世界4位でBRICsに次いで成長の期待される新興国「ネクスト11」のひとつであり、バックパッカーの聖地。

国旗の由来〉緑は豊かな大地と国の活力。赤は独立日に昇った太陽であり戦争で流された血との説も。風にはためいたときのバランスを考え太陽はやや旗竿寄り。

このスポーツ選手がすごい！

シャキブ・アル・ハサン（クリケット）

クリケットのバングラデシュ代表で、同国屈指のオールラウンダー。2019年、ESPNの調査で「世界で最も有名なアスリート」の90位にランクイン。同年、2年間の出場停止処分を受けた。

DATA

建国年:1971年 国旗の制定年:1972年 面積:14万7,000平方キロメートル（日本の約4割）人口:1億6,365万人 首都:ダッカ 言語:ベンガル語 民族:ベンガル人が大部分を占める。ミャンマーとの国境沿いのチッタゴン丘陵地帯には、チャクマ族等を中心とした仏教徒系少数民族が居住 宗教:イスラム教など 国家元首:Md.アブドゥル・ハミド大統領 通貨:タカ 在留邦人数:964人（2018年）在日バングラデシュ人数:1万4,948人（2018年）日本との国交樹立年:1972年 時差:-3時間

■近代五輪メダル数

大会	夏	冬
金	0	0
銀	0	0
銅	0	0
合計	0	0

出場9回（夏9回/冬0回）

主な有名人 ムハマド・ユヌス（経済学者、実業家）　マシュラフェ・ビン・モルタザ（クリケット選手）

IOCコード：TLS

The Democratic Republic of Timor-Leste　東ティモール人民共和国

東ティモール

（比率 1:2）

国の歴史・概要

「21世紀最初の国」は "最後の楽園"。

2002年に「21世紀最初の国」として独立を果たすまでに4世紀以上に渡り植民地時代が続いた。その時代から続くコーヒー栽培は国民生活の基盤のひとつで、現在は "復興" から発展に向けた経済開発への取り組みを開始している。手つかずの自然が残り「東アジア最後の楽園」とも呼ばれる。

国旗の由来〉赤は植民地から祖国を解放するための闘い、黄色い矢は植民地時代の痕跡、黒い三角形は克服すべき困難、そして白い五角星は平和を表している。

このスポーツ選手がすごい！

ジュリアーノ・ミネイロ・フェルナンデス（サッカー）

ブラジル出身のミッドフィールダーで2003年U-17世界選手権優勝メンバーの一人。その後東ティモール国籍を取得。2016年には柏レイソルに移籍したが ガもあり公式戦出場はならなかった。

DATA

建国年：2002年 国旗の制定年：2002年 面積：1万4,900平方キロメートル（首都圏1都3県とほぼ同じ大きさ） 人口：118万3,000人 首都：ディリ 言語：テトゥン語およびポルトガル語、他にインドネシア語、英語など 民族：テトゥン族等大半がメラネシア系。その他マレー系、中華系等、ポルトガル系 宗教：キリスト教、イスラム教 国家元首：フランシスコ・グテレス・ル・オロ大統領 通貨：米ドル（1ドル以下は独自の「センタボ」貨を使用）在留邦人数：124人（2017年）日本との国交樹立年：2002年 時差：0時間

■近代五輪メダル数

大会	夏	冬
金	0	0
銀	0	0
銅	0	0
合計	0	0

出場6回（夏4回／冬2回）

主な有名人　シャナナ・グスマン（元大統領）　ユーフレジア・ビエイラ（女優、歌手、小説家）

Republic of the Philippines　フィリピン共和国

フィリピン

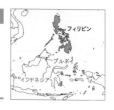

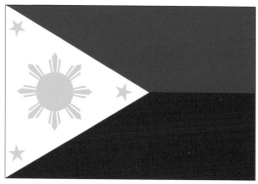

（比率 1：2）

~~~~~~~~~~ 国 の 歴 史・概 要 ~~~~~~~~~~

世界のプレミアムリゾートアイランド。

西太平洋に位置し7,109の島で構成される国。ASEAN唯一のカトリック教国。スペイン統治時代の町並みや歴史都市、それとは対照的な近代的首都の通称「メトロ・マニラ」、そして世界有数のマリンリゾートを持ち"プレミアムリゾートアイランド"の呼称も。在日該当国人数第3位。

国旗の由来〉青は理想、赤は勇気。白は平等、太陽は自由と正義で8本の光線はスペインへの反乱を起こした8州。3星はルソン、ミンダナオ、ビサヤの主要3島。

このスポーツ選手がすごい！

マニー・パッキャオ（ボクシング）

WBC世界フライ級をはじめ、史上最多タイとなる世界タイトル6階級制覇を成し遂げたフィリピンのレジェンド。『タイム』誌の09年版「世界で最も影響力のある人物100人」にも選出された。

DATA

建国年：1946年 国旗の制定年：1998年 面積：29万9,404平方キロメートル（日本の約8割）人口：1億98万人 首都：マニラ 言語：フィリピノ語、英語 民族：マレー系が主体。ほかに中国系、スペイン系及びこれらとの混血並びに少数民族がいる 宗教：キリスト教 国家元首：ロドリゴ・ドゥテルテ大統領 通貨：フィリピン・ペソ 在留邦人数：1万6,570人（2017年）在日フィリピン人数：29万2,150人（2017年）日本との国交樹立年：1956年 時差：-1時間

■近代五輪メダル数

大会	夏	冬
金	0	0
銀	3	0
銅	7	0
合計	10	0

出場26回（夏21回／冬5回）

主な有名人 ヘンリー・シー（実業家）　サラ・ヘロニモ（歌手、女優、司会者）

IOCコード：BHU

Kingdom of Bhutan　　　　　ブータン王国

ブータン

中国
ブータン
インド

（比率 2:3）

国の歴史・概要

南アジアの"世界一幸福度が高い国"。

インドと中国の2大国に囲まれた小国。ヒマラヤ山系に属し国土の70%を森林が占める自然の豊かな国。日本と同様に四季を楽しめる。「経済的な豊かさではなく精神的な豊かさを」を国として提唱、そのベクトルと環境などから桃源郷ともシャングリラとも呼ばれている。国技は「弓」。

国旗の由来 ▷ 黄色は国王の指導力、オレンジは仏教。国の守護神である龍を描いた白は清らかさと忠誠心の象徴、龍の掴む4つの宝玉は国の富と成熟を意味している。

このスポーツ選手がすごい！

タシ・ペルジョ(アーチェリー)

2004年のアテネ五輪で、男子個人種目としてブータン史上初となるベスト32に進出。2008年の北京五輪にも出場し、開会式では選手団の旗手を務めている。国民的ヒーローの一人。

DATA

建国年：1907年 国旗の制定年：1972年 面積：38,394平方キロメートル（九州とほぼ同じ）人口：75万4,000人（2018年）首都：ティンプー 言語：ゾンカ語等 民族：チベット系、東ブータン先住民、ネパール系他 宗教：チベット系仏教、ヒンドゥー教等 国家元首：ジグミ・ケサル・ナムギャル・ワンチュク国王陛下 通貨：ニュルタム 在留邦人数：111人（2017年）在日ブータン人数：836人（2018年）日本との国交樹立年：1986年 時差：-3時間

■近代五輪メダル数

大会	夏	冬
金	0	0
銀	0	0
銅	0	0
合計	0	0

出場9回（夏9回／冬0回）

主な有名人 ジグミ・ケサル・ナムギャル・ワンチュク（国王） ロティ・ツェリン（首相）

Brunei Darussalam ブルネイ・ダルサラーム国

ブルネイ

（比率 1:2）

ボルネオ島北部の「永遠に平和な国」

ボルネオ島北部に位置する、三重県ほどの面積の小国。石油や天然ガスなどの資源で「世界一豊かな国」といわれ社会福祉も充実。「世界一安全」とされる治安のよさや温暖な気候、豪華なイスラム建築や世界最大の水上集落など観光資源も豊富。国名は「永遠に平和な国」という意味。

国旗の由来〉黄色は国王、白と黒は宰相を表す。中央に描かれた国章の旗は国家、傘は王国の象徴、翼には平和、両手は福祉と繁栄、三日月はイスラム教の象徴。

このスポーツ選手がすごい！

ファイク・ボルキア（サッカー）

米国LA生まれ。ユース年代ではアメリカ代表からスカウトされるもブルネイ代表を選択。18歳にして同国代表の主将に就任。現在はプレミアリーグのレスターに所属。ブルネイ国王の甥でもある。

DATA

建国年:1984年 国旗の制定年:1959年 面積:5,765平方キロメートル（三重県とほぼ同じ）人口:42万1,000人（2017年）首都:バンダル・スリ・ブガワン 言語:マレー語、英語 民族:マレー系（66%）、中華系（10%）、その他（24%）宗教:イスラム教、仏教、キリスト教 国家元首:ハサナル・ボルキア国王 通貨:ブルネイ・ドル 在留邦人数:170人（2017年）在日ブルネイ人数:131人（2018年）日本との国交樹立年:1984年 時差:-1時間

■近代五輪メダル数

大会	夏	冬
金	0	0
銀	0	0
銅	0	0
合計	0	0

出場6回（夏6回／冬0回）

IOCコード：VIE

Socialist Republic of Viet Nam　ベトナム社会主義共和国

ベトナム

（比率 2:3）

DATA

建国年：1976年 国旗の制定年：1955年 面積：32万9,241平方キロメートル 人口：9,467万人（2018年）首都：ハノイ 言語：ベトナム語 民族：キン族（越人）（約86%）、他に53の少数民族 宗教：仏教、カトリック、カオダイ教ほか 国家元首：グエン・フー・チョン国家主席 通貨：ドン 在留邦人数：1万7,266人（2017年）在日ベトナム人数：33万0,835人（2018年）日本との国交樹立年：1973年 時差：-2時間

//// 国の歴史・概要 ////

長い不遇の時代を乗り越えた不屈の国。

インドシナ半島の東縁部。南端から北端までは約1,600km、東西は最狭で50kmと極端に細長い国。フランス支配やベトナム戦争などに翻弄されながら1976年に南北ベトナムが統一されて成立。近年は製造業や石油開発などにより経済は上向き傾向。日本への留学生数は8万人超。

国旗の由来〉地色の赤は独立闘争で流された血であり、星は社会主義を象徴。星の黄色は革命を、星の5つの光は労働者、農民、兵士、知識人、商人を表している。

このスポーツ選手がすごい！

ホアン・スアン・ビン（男子射撃）

自身二度目の五輪となった2016年リオの10mエアピストルでベトナム初の五輪金メダルを獲得。さらに50mピストルでは銀を獲得。五輪メダル2個獲得もベトナム初の快挙で同国の歴史を変えた。

■近代五輪メダル数

大会	夏	冬
金	1	0
銀	3	0
銅	0	0
合計	4	0

出場15回（夏15回／冬0回）

主な有名人 ホー・チ・ミン（政治家、革命家）　ヴォー・グエン・ザップ（軍人、政治家）

43

Hong Kong 香港

香港

（比率 2:3）

小さな漁村から世界的金融都市に変貌。

中国南東部の小さな漁村にすぎなかったここは、アヘン戦争によって150年もの間イギリスの植民地となり世界の貿易港として発展。1997年に中国に返還され、外交と貿易をのぞく自治権を持つ特別行政区に。現在は超高層ビルが林立する世界的金融都市として活況を呈している。

国旗の由来 赤は社会主義、白は資本主義。中央は香港の代表的な花・バウヒニア。その中に描かれている赤い5つの五角星は中国との一体感を示している。

このスポーツ選手がすごい！

リー・ライ・シャン（セーリング）

17歳で競技に参加し19歳で代表選手に。1996年アトランタ五輪のヨット競技ミストラル級で香港勢初のメダルとなる金を獲得。以後、同国の金メダリストは現れていない。愛称は「風の女王」。

DATA

建国年:1997年（イギリスから中国に返還）国旗の制定年:1990年 面積:1,106平方キロメートル（東京都の約半分）人口:734万人（2016年）言語:広東語、英語、中国語他 民族:中国系（約91%）宗教:仏教、道教、プロテスタント、カトリック、イスラム教、ヒンドゥー教、シーク教、ユダヤ教 国家元首:習近平中国国家主席 通貨:香港ドル 在留邦人数:2万6,088人（2015年）在日香港人数:統計なし 時差:-1時間

■近代五輪メダル数

大会	夏	冬
金	1	0
銀	1	0
銅	1	0
合計	3	0

出場21回（夏16回／冬5回）

Malaysia マレーシア

マレーシア

フィリピン
マレーシア
インドネシア

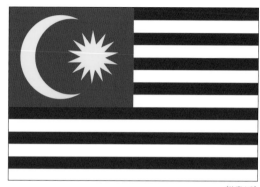

（比率 1:2）

/////////// 国の歴史・概要 ///////////

13年連続「日本人が住みたい国」第1位。

マレー半島の南半分とボルネオ島北部を領域とする東南アジアの国。イギリス領時代の20世紀初頭に労働者移入が進められたため多民族・多宗教国家を形成。世界遺産のマラッカ、東洋の真珠・ペナン島やランカウイ島など観光地としても人気が高く「日本人が住みたい国」13年連続世界1位。

国旗の由来 三日月と星はイスラム教の象徴で、黄色は王室の色。星の放つ14の光は団結、赤白の14本のラインは連邦を構成する13州と連邦特別区を表している。

このスポーツ選手がすごい！

リー・チョンウェイ（バドミントン）

2008年北京、2012年ロンドン、2016年リオ五輪と3大会連続で男子シングルス銀メダルを獲得。五輪での活躍により、多民族国家のマレーシアを「1つ（＝1Malaysia）にした」と称えられている。

DATA

建国年：1957年 国旗の制定年：1963年 面積：33万平方キロメートル（日本の約0.9倍）人口：3,200万人（2017年）首都：クアラルンプール 言語：マレー語、中国語、タミール語、英語 民族：マレー系（約69％）、中国系（約23％）、インド系（約7％）宗教：イスラム教、仏教、儒教、道教、ヒンドゥー教、キリスト教ほか 国家元首：アブドゥラ第16代国王 通貨：リンギット 在留邦人数：2万4,411人（2017年）在日マレーシア人数：1万6,768人（2018年）日本との国交樹立年：1957年 時差：-1時間

■近代五輪メダル数

大会	夏	冬
金	0	0
銀	7	0
銅	4	0
合計	11	0

出場14回（夏13回／冬1回）

主な有名人 シティ・ヌールハリザ（歌手） アジズル・ハスニ・アウァン（自転車競技選手）

Republic of the Union of Myanmar　ミャンマー連邦共和国

ミャンマー

（比率 2:3）

国の歴史・概要

130以上にもおよぶ諸民族が暮らす国。

インド、中国など5つの国と接する。国民の約90％が仏教徒で大平原に無数のパゴダ（仏塔）が林立する景観は唯一無二。肥沃な大地をもち、130以上の民族が存在することから複雑な歴史を繰り広げ、現在も少数民族との紛争を抱える一方、高い経済成長も見込まれている。

国旗の由来　横縞の三色旗。黄色は国民の団結、緑は平和と豊かな自然、赤は勇気と決断力を示す。三色に跨る星は民族の一体化、国家の統一を意味している。

このスポーツ選手がすごい！

ナイン・シット・サンダルー（柔道）

1990年アジア競技大会（北京）の女子66kg級で銅メダルを獲得。アジア大会の柔道におけるミャンマーのメダルは現在のところ、このときサンダルーが獲得したメダル1つのみである。

DATA

建国年：1948年 国旗の制定年：2010年 面積：68万平方キロメートル（日本の約1.8倍）人口：5,141万人（2014年）首都：ネーピードー 言語：ミャンマー語 民族：ビルマ族（約70％）、その他多くの少数民族 宗教：仏教、キリスト教、イスラム教ほか 国家元首：ウィン・ミン大統領 通貨：チャット 在留邦人数：2,821人（2019年）在日ミャンマー人数：2万4,471人（2018年）日本との国交樹立年：1954年 時差：-2.5時間

■近代五輪メダル数

大会	夏	冬
金	0	0
銀	0	0
銅	0	0
合計	0	0

出場17回（夏17回／冬0回）

主な有名人 アウン・サン・スー・チー（政治家）　森崎ウィン（歌手、俳優）

Republic of Maldives　　　　　　　モルディブ共和国

モルディブ

ASIA

EUROPE

OCEANIA

AFRICA

AMERICA

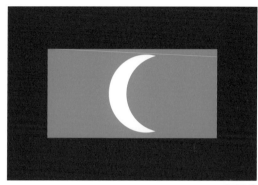

（比率 2：3）

DATA

建国年：1965年 国旗の制定年：1965
年 面積：298平方キロメートル（東
京23区の半分）人口：40万7,000人
（2014年）首都：マレ 言語：ディベヒ
語 民族：モルディブ人 宗教：イスラ
ム教 国家元首：イブラヒム・モハメ
ド・ソーリフ大統領 通貨：ルフィア
在留邦人数：177人（2016年）在日
モルディブ人数：52人（2017年）日
本との国交樹立年：1967年 時差：-4
時間

/////////// **国 の 歴 史・概 要** ///////////

ハネムーンでも人気のインド洋の島国。

インド洋北部の約1,200の島々からなる共和国。
ココナツ、果実を産し漁業も盛ん。青い海と白い
砂浜、美しい珊瑚礁に囲まれ、新婚旅行先などで
も人気を博す世界屈指のビーチリゾート地。しか
し海面上昇などの影響で国土消滅の怖れもあり、
対策が懸案事項となっている。

国旗の由来 赤は自由と独立のために流された血。緑は
平和と繁栄、島々に生息するヤシの木を表し、白い三
日月はイスラム教の象徴。

このスポーツ選手がすごい！

ハッサン・サーイド（陸上）

2016年リオ五輪に出場。専門は短距離で男子100m
と200m、さらには別競技とも言われる400mの3種
目でモルディブ国内記録を持っている陸上競技の
第一人者。

■近代五輪メダル数

大会	夏	冬
金	0	0
銀	0	0
銅	0	0
合計	0	0

出場8回（夏8回／冬0回）

主な有名人 モハメド・タカルファーヌ（活動家）　アリ・アシファク（サッカー選手）

Mongolia　　　　　　　　　　　　モンゴル国

モンゴル

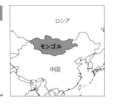

ロシア
モンゴル
中国

（比率 1:2）

DATA

建国年：1921年 国旗の制定年：1992年 面積：156万4,100平方キロメートル（日本の約4倍）人口：323万8,479人（2018年）首都：ウランバートル 言語：モンゴル語、カザフ語 民族：モンゴル人（全体の95％）及びカザフ人他 宗教：チベット仏教等 国家元首：ハルトマー・バトトルガ大統領 通貨：トグログ 在留邦人数：552人（2018年）在日モンゴル人数：1万0,987人（2018年）日本との国交樹立年：1972年 時差：-1時間

国の歴史・概要

ユーラシア大陸中央部、大草原の国。

ユーラシア大陸中央部にある内陸国。13世紀初め、チンギス・ハンによって築かれたこの国の地形は北西部の山地と一般的にイメージされる大草原＝南東部のモンゴル高原に大別される。平均標高は1,580m。革命記念日に行われるナーダム（相撲、弓、競馬）は国を挙げての祭典。

国旗の由来 赤は進歩と繁栄、青は国民。黄色（永遠の友情）の意匠・ソヨンボは伝統の図柄で自由・独立を象徴する炎、太陽、月、槍、柱などが描かれている。

このスポーツ選手がすごい！

ジグジドゥ・ムンフバト（レスリング、モンゴル相撲）

白鵬の父。1968年メキシコ五輪レスリング87kg級フリースタイルでモンゴル史上初のメダル（銀）を獲得した。五輪には5大会連続で出場。モンゴル相撲の最高位（＝横綱に相当）でもあった。

■近代五輪メダル数

大会	夏	冬
金	2	0
銀	10	0
銅	14	0
合計	26	0

出場27回（夏13回／冬14回）

主な有名人 チンギス・ハン（モンゴル帝国建国者）　朝青龍（大相撲力士）　白鵬（大相撲力士）

Hashemite Kingdom of Jordan　ヨルダン・ハシェミット王国

ヨルダン

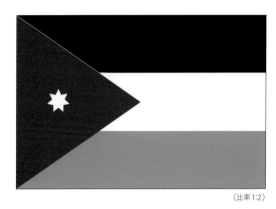

（比率 1:2）

国の歴史・概要

古代文明を結ぶ要衝として栄えた地。

ヨルダン川東岸。イスラエル、パレスチナ暫定自治区、サウジアラビア、イラク、シリアに囲まれる中東の国。難民の受け入れによる負担増や不安定な経済情勢などを抱える一方、ペトラ遺跡やデカポリスとして栄えた都市遺跡、死海など観光資源の多い国でもある。

国旗の由来 黒はアッバース朝、白はウマイヤ朝、緑はファティマ朝、赤はハシェミット朝とイスラム諸王朝。七角星はイスラム教の聖典第1章の全7節を表す。

このスポーツ選手がすごい！

アハマド・アブガウシュ（男子テコンドー）

2016年リオ五輪テコンドー男子68kg級で金メダルを獲得。同国にとって五輪参加10大会目にして初のメダリスト。「表彰台の一番上で国歌を聴けて最高」と語ったアブガウシュは国民的英雄に。

DATA

建国年：1946年 国旗の制定年：1939年 面積：8.9万平方キロメートル（日本の約4分の1）人口：995万6,000人（2018年）首都：アンマン 言語：アラビア語、英語 宗教：イスラム教、キリスト教ほか 国家元首：アブドゥッラー2世・イブン・アル・フセイン国王陛下 通貨：ヨルダン・ディナール 在留邦人数：329人（2018年）在日ヨルダン人数：162人（2017年）日本との国交樹立年：1954年 時差：-7時間

■近代五輪メダル数

大会	夏	冬
金	1	0
銀	0	0
銅	0	0
合計	1	0

出場10回（夏10回/冬0回）

主な有名人 モハメド・ハッサン（プロレスラー）　アブダッラー・ディープ（サッカー選手）

Lao People's Democratic Republic　ラオス人民民主共和国

ラオス

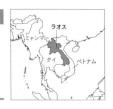

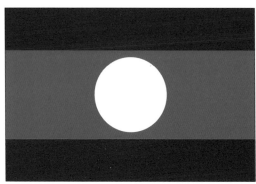

（比率 2:3）

国の歴史・概要

癒しを生む「世界一なにもない首都」。

インドシナ半島中央部の内陸国。フランスによる統治や内部抗争、ベトナム戦争による内戦などを経て1975年に独立するも今なお海外からの経済援助に頼る小国だ。世界遺産も観光地もないビエンチャンは「世界一なにもない首都」。それがこの国特有の"癒し"を生んでいるともいわれる。

国旗の由来 赤は独立を求めた闘いで流された血、青はメコン川と国の繁栄。白い円は幸運と国民の団結とメコン川に浮かぶ満月を表し、平和を象徴している。

このスポーツ選手がすごい！

チュ・カンカソンポー（女子卓球）

サワンナケート県出身。選手としてはフランス代表として2000年シドニー、2004年アテネ、2008年北京のパラリンピックに出場。個人と団体に出場して金・銅のメダルを獲得している。

DATA

建国年：1975年 国旗の制定年：1975年 面積：24万平方キロメートル 人口：649万人（2015年）首都：ビエンチャン 言語：ラオス語 民族：ラオ族（全人口の約半数以上）を含む計50民族 宗教：仏教 国家元首：ブンニャン・ヴォーラチット国家主席 通貨：キープ 在留邦人数：863人（2017年）在日ラオス人数：2,785人（2018年）日本との国交樹立年：1955年 時差：-2時間

■近代五輪メダル数

大会	夏	冬
金	0	0
銀	0	0
銅	0	0
合計	0	0

出場9回（夏9回／冬0回）

主な有名人 アルーナ（歌手）　ター・エイパクツ（歌手）

IOCコード：LIB

Lebanese Republic　　　　　　　レバノン共和国

レバノン

トルコ
シリア
レバノン
ヨルダン
エジプト
イスラエル

（比率2:3）

///////// 国の歴史・概要 /////////

海上貿易で活躍した地中海東岸の国。

地中海東岸に位置。1943年にシリアから分離独立。古くは海上貿易で活躍。地中海沿岸に残る都市国家シドンをはじめ、自然に恵まれたビブロス（「バイブル」の語源）や数々の歴史遺産が残るレバノンなどがかつての栄枯盛衰を今に伝える。中東諸国の中で教育水準の高い国とされる。

国旗の由来〉中央に描かれているのは国のシンボルであり、富と力を表すレバノン杉。その地の白は平和と純粋さ、上下に配された赤は犠牲心と勇気を示す。

このスポーツ選手がすごい！

ユセフ・モハマド（サッカー）

国内リーグでプロデビューし、2004年ブンデスリーガのSCフライブルクに移籍、2007年にはFCケルンに移籍し2010年にはアジア人選手として初めて同リーグのクラブでキャプテンを務めた。

DATA

建国年：1943年 国旗の制定年：1943年 面積：1万452平方キロメートル（岐阜県程度）人口：610万人（2018年）首都：ベイルート 言語：アラビア語、フランス語、英語 民族：アラブ人（95%）、アルメニア人（4%）、その他（1%）宗教：キリスト教、イスラム教等 国家元首：ミシェル・アウン大統領 通貨：レバノン・ポンド 在留邦人数：104人（2017年）在日レバノン人数：207人（2018年）日本との国交樹立年：1954年 時差：-7時間

■近代五輪メダル数

大会	夏	冬
金	0	0
銀	2	0
銅	2	0
合計	4	0

出場34回（夏17回／冬17回）

主な有名人 カルロス・ゴーン（実業家） ジョアン・オマリ（サッカー選手）

アジアのスポーツ

　アジアのスポーツを牽引するのは、夏季五輪で通算547個の
メダルを獲得している中国だろう。この数は世界7位に相当す
るが、出場回数はまだ10回と上位他国と比べて圧倒的に少な
い。2016年リオデジャネイロ五輪でのメダル数は70個でアメリ
カに次ぐ2位と、今や世界でも有数のスポーツ大国と言って
も過言ではない。これに追随するのが日本、韓国の東アジア勢。
両国ともに五輪メダル獲得数では毎回上位に入っている。

　また、近年は五輪などの主要スポーツ大会の開催が増えてい
るのもアジアの特長。日本でも2019年にラグビー W杯、2020
年に東京五輪と、2年連続で世界的なスポーツイベントが開催
される。また、2022年には北京で冬季五輪が行われる予定で、
2018年の韓国・平昌冬季五輪から、夏冬3大会連続で、五輪が
アジアで開催される。

　経済的な安定とテロの脅威が少ないのが主な要因と言われ
ているが、今後気になってくるのが「気候」だ。北半球で、比
較的緯度の低い国が多いアジア諸国では「夏の暑さ」が問題
視されている。東京五輪での猛暑が危惧されているのと同様、
2022年にカタールで行われるサッカー W杯も暑さが課題。
2020年の東京、2022年のカタールでどういった対策をとるか
が、今後のアジアでの五輪、国際スポーツ大会の開催に大きく
影響してくるだろう。

■ アジア大陸で行われた主要スポーツ国際大会

夏季五輪	3回
冬季五輪	3回
サッカー W杯	1回
世界陸上	5回
ラグビー W杯	1回

※2019年終了時点で開催された大会が対象

EUROPE

ヨーロッパ

ユーラシア大陸の西側を占める。古代ギリシアやローマ帝国など、文明の発達が早く、一時はアフリカやアメリカ大陸などにも侵攻し、多くの国を植民地支配した歴史がある。スポーツも盛んで五輪でもメダル獲得数上位国の大半をヨーロッパ勢が占める。28カ国が加盟している欧州連合（EU）では共通通貨のユーロを使用する国も多いが、イギリスの離脱も大きな話題に。

Republic of Iceland アイスランド共和国

アイスランド

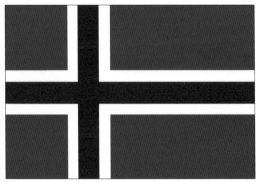

（比率 18:25）

国の歴史・概要

火山活動で生まれた世界最古の民主国家。

火山活動によって約1600万年前に誕生した島国。8世紀ごろからノルウェー、スコットランド、アイルランドからの移民が増え、930年に世界最古の民主議会が誕生。その後、ノルウェー、デンマークなどの領地となった時期があったが、1918年に独立している。

国旗の由来 空と海を表す青に、白のスカンディナビアクロス。そこに元々デンマーク領地だったことからデンマーク旗の赤が加わり、現在の形に。

このスポーツ選手がすごい！

ヴァラ・フロサドッティル（陸上）

歴史の浅い女子棒高跳の黎明期を支えた選手のひとり。2度の室内世界新記録を樹立し、女子棒高跳が初めて採用された2000年シドニー五輪では4m50の自己ベストを記録し、銅メダルを獲得。

DATA

建国年：1918年 国旗の制定年：1944年 面積：10.3万平方キロメートル（北海道よりやや大きい）人口：34万8,580人（2017年）首都：レイキャビク 言語：アイスランド語 宗教：人口の約8割が福音ルーテル派（国教）国家元首：グドゥニ・トルラシウス・ヨハネソン大統領 通貨：アイスランドクローナ 在留邦人数：125人（2017年）在日アイスランド人数：119人（2017年）日本との国交樹立年：1956年 時差：-9時間

■近代五輪メダル数

大会	夏	冬
金	0	0
銀	2	0
銅	2	0
合計	4	0

出場38回（夏20回／冬38回）

主な有名人 エイドゥル・グジョンセン（サッカー選手） ビョーク（歌手）

Ireland アイルランド

アイルランド

イギリス
アイルランド
フランス
大西洋

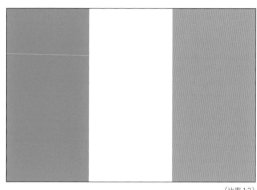

（比率 1:2）

/////////// **国の歴史・概要** ///////////

英国の植民地を経て、1922年に独立。

紀元前265年頃にヨーロッパ大陸からケルト人が渡来。イングランド、グレートブリテン王国の植民地時代が続き、アイルランド独立戦争を機に1922年に独立。寄付や慈善事業が盛ん。ラグビー強国としても知られ、2019年ワールドカップでは日本と対戦し、12対19で敗れている。

国旗の由来 カトリック、ケルトといった古い文化を表す緑と、プロテスタントなどの新しい文化を表すオレンジ。中央の白は融合・友情を表している。

このスポーツ選手がすごい！

ミシェル・スミス（競泳）

同国を代表する女子競泳選手。1996年アトランタ五輪では400m自由形、200m個人メドレー、400m個人メドレーで金メダル、200mバタフライで銅メダルと、1大会で4つのメダルを獲得した。

DATA

建国年：1922年 国旗の制定年：1937年 面積：7万300平方キロメートル（北海道より一回り小さい）人口：492万人（2016年）首都：ダブリン 言語：アイルランド語（ゲール語）及び英語 宗教：約78％がカトリック教徒（2016年）国家元首：マイケル・D・ヒギンズ大統領 通貨：ユーロ 在留邦人数：2,316人（2017年）在日アイルランド人数：1,201人（2017年）日本との国交樹立年：1957年 時差：-9時間

■近代五輪メダル数

大会	夏	冬
金	9	0
銀	10	0
銅	12	0
合計	31	0

出場28回（夏21回／冬7回）

主な有名人 エンヤ（歌手） ロイ・キーン（サッカー選手） コリン・ファレル（俳優）

Republic of Azerbaijan　アゼルバイジャン共和国

アゼルバイジャン

（比率 1:2）

国の歴史・概要

アルメニアへの帰属を争う紛争地域。

カスピ海の西岸に位置し、北はロシア、南はイランに挟まれる。1991年にソビエト連邦の崩壊によって国名を変更、現体制に。一部の地域ではアルメニア人の人口が多く、アルメニアへの帰属を争って紛争地域となっており、現在もたびたび軍事衝突が起きている。

国旗の由来 青はカスピ海と空、赤は近代化、緑はカフカス山脈の森林を表し、中央にはイスラム教のシンボルである三日月と星を配している。

このスポーツ選手がすごい！

シャリフ・シャリホフ（レスリング）

レスリング強国として知られる同国を代表する選手。2012年ロンドン五輪ではフリースタイル84kg級で金メダル、16年リオデジャネイロ五輪では同86kgで銅メダルと、2大会連続のメダリストに。

DATA

建国年：1991年 国旗の制定年：1991年 面積：8万6,600平方キロメートル（日本の約4分の1）人口：1,000万人（2019年）首都：バクー 民族：アゼルバイジャン系（91.6%）、レズギン系（2.0%）、ロシア系（1.3%）、アルメニア系（1.3%）、タリシュ系（0.3%）言語：公用語はアゼルバイジャン語 宗教：主としてイスラム教シーア派 国家元首：イルハム・アリエフ大統領 通貨：マナト 在留邦人数：49人（2017年）在日アゼルバイジャン人数：161人（2018年）日本との国交樹立年：1992年 時差：-5時間

■近代五輪メダル数

大会	夏	冬
金	7	0
銀	11	0
銅	25	0
合計	43	0

出場12回（夏6回／冬6回）

主な有名人 ヴァギト・アレクペロフ（実業家）　リヒャルト・ゾルゲ（スパイ）

アルバニア

Republic of Albania　アルバニア共和国

（比率 5:7）

////// **国の歴史・概要** //////

近年は観光地として発展。

15世紀からオスマン帝国の支配下に置かれ、1912年に独立。政情の安定に伴い、2010年ごろから南部の海岸地帯を中心に観光業が発展。特に夏季には多くの観光客が国外からも訪れる。経済面でも急成長を遂げており、イタリアや中国を中心に海外からの直接投資も始まっている。

国旗の由来 ベースの赤はオスマントルコのシンボルカラー。紋章は15世紀にオスマントルコを破った国民的英雄・スカンデルベグの紋章にちなんだもの。

このスポーツ選手がすごい！

ミレラ・マンジャニ（陸上）

1996年アトランタ五輪からやり投げで五輪3大会連続出場。結婚を機にギリシャ国籍になったことで2000年シドニー五輪からはギリシャ代表として出場し、2大会連続でメダルを獲得している。

DATA

建国年:1912年 国旗の制定年:1992年 面積:28,700平方キロメートル（四国の約1.5倍）人口:約286万人（2019年）首都:ティラナ 民族:アルバニア人 言語:アルバニア語 宗教:イスラム（57％）、ローマカトリック（10％）、正教（7％）国家元首:イリル・メタ大統領 通貨:レク 在留邦人数:27人（2017年）在日アルバニア人数:89人（2018年）日本との国交樹立年:1981年 時差:-8時間

■近代五輪メダル数

大会	夏	冬
金	0	0
銀	0	0
銅	0	0
合計	0	0

出場4回（夏2回／冬2回）

主な有名人 スカンデルベグ（中世アルバニア君主）　イグニ・ターレ（サッカー選手）

Republic of Armenia アルメニア共和国

アルメニア

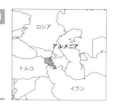

（比率 1:2）

///////// 国の歴史・概要 /////////

神話の舞台になった最古の文明発祥地。

世界最古の文明発祥地のひとつ。首都エレバンは
世界最古の都市でもあり、創世記に語られている
「エデンの園」が存在したといわれる伝承地。「ノ
アの箱舟」で有名なアララト山とも関係が深く、
その歴史の長さから多くの「神話」「伝説」の舞台
となっている。美人が多いことでも有名。

国旗の由来 ▷ ロシア革命後に使用されていた旗を1990
年に再採用。赤は独立の際に流れた血を、青は空と
国土、オレンジは小麦の豊穣や神の加護を表す。

このスポーツ選手がすごい！

ヘンリク・ムヒタリアン（サッカー）

アルメニア代表の通算最多得点記録を保持する同
国史上最高のサッカー選手。マンチェスター・ユナ
イテッド、アーセナル、ASローマなど、世界有数
のビッグクラブでもプレーする。

DATA

建国年：1991年 国旗の制定年：1990
年 面積：2万9,800平方キロメート
ル（日本の約13分の1）人口：290万
人（2019年）首都：エレバン 民族：
アルメニア系（98.1%），ヤズィディ
系（1.1%）、ロシア系（0.3%）、アッ
シリア系（0.1%）、クルド系（0.1%）、
その他（0.3%）言語：公用語はアル
メニア語 宗教：主としてキリスト教
（東方諸教会系のアルメニア教会）
国家元首：アルメン・サルキシャン
大統領 通貨：ドラム 在留邦人数：27
人（2017年）在日アルメニア人数：
66人（2018年）日本との国交樹立
年：1992年 時差：-5時間

■近代五輪メダル数

大会	夏	冬
金	2	0
銀	6	0
銅	6	0
合計	14	0

出場13回（夏6回／冬7回）

主な有名人 ドラゴ（格闘家） アルメン・ナザリャン（レスリング選手）

Principality of Andorra　　　　　**アンドラ公国**

アンドラ

（比率 7:10）

国の歴史・概要

ウインタースポーツが盛んな小国。

フランスとスペインに挟まれた小国で、面積は日本の金沢市とほぼ同じ。フランス大統領とスペインのウルヘル司教による二頭政治体制を採っている。ピレネー山脈の東部に位置するため、スキーなどのウインタースポーツが盛ん。国家収入の大半が輸入税で、2012年まで消費税がなかった。

国旗の由来 デザインはフランスの縦三色旗、色はスペイン旗がベース。中央の紋章にはラテン語で「統合された力はより強し」と記されている。

このスポーツ選手がすごい！

アルベルト・セラーデス（サッカー）

スペイン生まれだが幼少期にアンドラに移住し、両国の国籍を持つ。バルセロナ、レアル・マドリードといったビッグクラブでプレー。スペイン代表経験もあり、引退後は指導者として活躍。

DATA

建国年：1993年 国旗の制定年：1996年 面積：468平方キロメートル 人口：7万3,105人（2016年）首都：アンドラ・ラ・ベリャ 民族：アンドラ人、スペイン人ほか 言語：カタルニア語（公用語）、スペイン語、ポルトガル語、フランス語 宗教：国民の大多数がカトリック 共同元首：フランス大統領及びウルヘル司教（在スペイン）通貨：ユーロ 在留邦人数：13人（2016年）在日アンドラ人：1人（2017年）日本との国交樹立年：1995年 時差：-8時間

■近代五輪メダル数

大会	夏	冬
金	0	0
銀	0	0
銅	0	0
合計	0	0

出場23回（夏11回／冬12回）

主な有名人 ビヨン・ダンカーベック（プロサーファー）　オスカル・ソネジー（サッカー選手）

United Kingdom of Great Britain and Northern Ireland

イギリス

（比率 1:2）

国の歴史・概要

日本との関係も深い歴史ある国。

イングランド、ウェールズ、スコットランド、北アイルランドの４つの「カントリー」から成る。日本との交流は1600年からで実に400年以上の歴史があり（正式な外交関係成立は1858年）、第二次世界大戦前後の一時期を除くと良好な関係を維持している。2016年にEU離脱を決定。

国旗の由来 イングランド、スコットランド、アイルランドの３王国の守護聖人の旗を併せたデザインで、連合王国であることを示している。

このスポーツ選手がすごい！

ジョナサン・エドワーズ（陸上）

人類史上初の三段跳び18mジャンパーにして、1995年に樹立した世界新記録（18m29）は2019年現在も破られていない。五輪では金１つを含む２つのメダル、世界陸上では５大会連続メダルを獲得。

DATA

建国年：1707年 国旗の制定年：1801年 面積：24万3,000平方キロメートル（日本の約3分の2）人口：6,600万人（2017年）首都：ロンドン 言語：英語（ウェールズ語、ゲール語等使用地域あり）宗教：英国国教会等 国家元首：女王エリザベス二世陛下 通貨：スターリング・ポンド 在留邦人数：6万2,887人（2017年）在日イギリス人数：1万7,041人（2018年）日本との国交樹立年：1858年 時差：-9時間

■近代五輪メダル数

大会	夏	冬
金	263	11
銀	295	4
銅	289	17
合計	847	32

出場51回（夏28回／冬23回）

主な有名人 ジョン・レノン（ミュージシャン）　デビッド・ベッカム（サッカー選手）

State of Israel　　　　　　　　イスラエル国

イスラエル

（比率 8:11）

国の歴史・概要

聖地エルサレムが最大の都市。

中東の地中海東部沿岸に位置する。紀元前11世紀頃にはイスラエル王国が成立。その後、ローマ帝国、オスマン帝国などの支配下に置かれ、1918年からはイギリス領に。1948年に独立。世界最古の都市のひとつ、エルサレムはユダヤ教、キリスト教、イスラム教の聖地として知られる。

国旗の由来 中央の星は「ダビデの星」と呼ばれるユダヤ人のシンボルで、古代イスラエルの英雄ダビデの象徴。青は空の色、白は清い心を表すと言われている。

このスポーツ選手がすごい！

サギ・ムキ（柔道）

2019年に行われた世界柔道東京大会・男子81kg級で優勝し、同国初の柔道世界王者に。2017年に73kg級から階級を上げて以降、主要大会で好結果を残し、東京五輪での活躍も期待される。

主な有名人 ナタリー・ポートマン（女優） ユリ・ゲラー（超能力者）

DATA

建国年：1948年 国旗の制定年：1948年 面積：2.2万平方キロメートル（日本の四国程度）人口：888万人（2018年）首都：エルサレム 民族：ユダヤ人（約75％）、アラブ人その他（約25％）言語：ヘブライ語、アラビア語 宗教：ユダヤ教（75.0％）、イスラム教（17.5％）、キリスト教（2％）、ドルーズ（1.6％）国家元首：ルーベン（ルヴィ）・リヴリン大統領 通貨：新シェケル 在留邦人数：997人（2017年）在日イスラエル人数：520人（2015年）日本との国交樹立年：1952年 時差：-7時間

■近代五輪メダル数

大会	夏	冬
金	1	0
銀	1	0
銅	7	0
合計	9	0

出場23回（夏16回／冬7回）

Italian Republic　　　**イタリア共和国**

イタリア

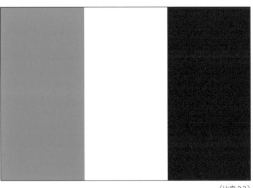

（比率 2:3）

国 の 歴 史 ・ 概 要

欧州を席巻した歴史ある国。

古代ギリシア時代から都市国家として栄え、紀元前よりローマ帝国としてヨーロッパの覇権を握った。食、文学、音楽、美術、映画などの文化は全世界に影響を及ぼし、スポーツもサッカー、モータースポーツ、自転車競技、バレーボールなどを中心に盛ん。

国旗の由来 18世紀末にナポレオンが北イタリアを征服した際に作った軍部の旗が由来。トランスパーナ共和国の市民軍の制服の色に赤を加えている。

このスポーツ選手がすごい！

アレッサンドロ・デル・ピエロ（サッカー）

イタリア人が選ぶ"最も好きなスポーツ選手"にも選ばれたことがある同国サッカー界の英雄。名門・ユヴェントス、イタリア代表で多くのタイトルを獲得した。背番号10は彼の象徴となっている。

DATA

建国年：1861年 国旗の制定年：1946年 面積：30万1,000平方キロメートル（日本の約5分の4）人口：60.6百万人（2018年）首都：ローマ 言語：イタリア語（地域により独、仏語等少数言語あり）宗教：キリスト教（カトリック）が国民の約80%と言われる。その他、キリスト教（プロテスタント）、ユダヤ教、イスラム教、仏教 国家元首：セルジョ・マッタレッラ大統領 通貨：ユーロ 在留邦人数：1万4,146人（2017年）在日イタリア人数：4,019人（2017年）日本との国交樹立年：1866年 時差：-8時間

■近代五輪メダル数

大会	夏	冬
金	206	40
銀	178	36
銅	193	48
合計	577	124

出場50回（夏27回／冬23回）

主な有名人 ガリレオ・ガリレイ（科学者）　レオナルド・ダ・ヴィンチ（芸術家）

Ukraine ウクライナ

ウクライナ

ロシア
ウクライナ
ルーマニア

（比率 2:3）

/////// **国の歴史・概要** ///////

1991年にソ連から独立。

東ヨーロッパ、ロシアの隣に位置する。紀元前より現在の首都・キエフを中心に国家として栄えた。18世紀からロシアの支配下に置かれ、1991年のソビエト崩壊に伴い独立。民族衣装のヴィシヴァアンカが有名。大相撲の大横綱・大鵬は母が日本人、父がウクライナ人。美人が多いことでも知られる。

国旗の由来 ウクライナ民族の旗として、19世紀半ばからは現在とは黄色と青が逆のものが用いられていた。1991年の独立に伴い、現在の形に。

このスポーツ選手がすごい！

ヤロスラワ・マフチク（陸上）

2019年に行われた世界陸上ドーハ大会・女子走高跳で18歳ながら2m4cmを跳び、銀メダルを獲得した。美女ジャンパーとして人気も高く、2020年東京五輪での活躍も期待される。

DATA

建国年：1991年 国旗の制定年：1992年 面積：60万3,700平方キロメートル（日本の約1.6倍）人口：4,205万人（クリミアを除く／2019年）首都：キエフ 民族：ウクライナ人（77.8%）、ロシア人（17.3%）、ベラルーシ人（0.6%）、モルドバ人、クリミア・タタール人、ユダヤ人他 言語：ウクライナ語（国家語）、ロシア語他 宗教：ウクライナ正教及び東方カトリック教他 国家元首：ヴォロディミル・ゼレンスキー大統領 通貨：フリヴニャ 在留邦人数：223人（2019年）在日ウクライナ人数：1,858人（2017年）日本との国交樹立年：1992年 時差：-7時間

■近代五輪メダル数

大会	夏	冬
金	37	3
銀	31	1
銅	61	4
合計	131	8

出場13回（夏6回／冬7回）

主な有名人 ウラジミール・クリチコ（ボクシング選手） セルゲイ・ブブカ（陸上選手）

Republic of Estonia　　エストニア共和国

エストニア

（比率 7:11）

国の歴史・概要

1991年に独立、バルト海に面した国。

フィンランドの南、バルト海の東岸に位置するバルト三国のひとつ。1918年にロシアから独立し、日本とも外交関係が成立するも、1940年にソビエト連邦に併合される。1991年のソ連崩壊を機に独立回復を宣言し、国連にも加盟。日本との外交関係も再び回復した。

国旗の由来 青は空・海・自由、黒は他国から抑圧された過去の歴史、白は雪・白夜・未来を表す。もとはエストニア学生会のシンボルとして使用されていた。

このスポーツ選手がすごい！

ゲルド・カンテル（陸上）

五輪には4度出場し、2008年北京五輪・円盤投げで金メダル、2012年ロンドン五輪で銀メダル、世界陸上でも5大会連続でメダルを獲得した同国陸上界のレジェンド。

DATA

建国年：1991年 国旗の制定年：1990年 面積：4万5,000平方キロメートル（日本の約9分の1）人口：約132万人（2019年）首都：タリン 言語：エストニア語（フィン・ウゴル語派）宗教：国民の半数以上が無宗教、ロシア正教、プロテスタント（ルター派）等 国家元首：ケルスティ・カリユライド大統領 通貨：ユーロ 在留邦人数：166人（2018年）在日エストニア人数：206人（2018年）日本との国交樹立年：1921年（1991年再開）時差：-7時間

■近代五輪メダル数

大会	夏	冬
金	9	4
銀	9	2
銅	16	1
合計	34	7

出場22回（夏12回／冬10回）

主な有名人 ハインリヒ・レンツ（物理学者）　把瑠都凱斗（大相撲力士）

Republic of Austria オーストリア共和国

オーストリア

（比率 2:3）

国の歴史・概要

音楽の都を首都に持つ永世中立国。

1270年にハプスブルク家ルドルフ公によってオーストリア王権が確立された。1918年、第一次世界大戦の敗北によりハプスブルク帝国が崩壊し、ドイツとの共和制が開始。ナチス・ドイツによる併合を経て、1955年に独立、永世中立国を宣言。首都・ウィーンは音楽の都として有名。

国旗の由来　12世紀末、十字軍に参加したオーストリア公が敵の返り血を浴び、ベルト部分以外が血で染まった軍服を旗代わりに使用したのが由来。

このスポーツ選手がすごい！

マルセル・ヒルシャー（アルペンスキー）

五輪では2014年ソチ、2018年平昌大会で金メダル2個を含む計3個のメダルを獲得。ワールドカップ総合8連覇、通算67勝、世界選手権優勝7回など数々の記録を打ち立て、2019年に引退。

DATA

建国年：1955年　国旗の制定年：1984年　面積：8万4,000平方キロメートル（北海道とほぼ同じ）　人口：880万人　首都：ウィーン　民族：主としてゲルマン民族　言語：ドイツ語　宗教：カトリック（約64%）、プロテスタント（約5%）、イスラム（約8%）　国家元首：アレクサンダー・ファン・デア・ベレン大統領　通貨：ユーロ　在留邦人数：3,024人（2018年）　在日オーストリア人数：約700人（2018年）　日本との国交樹立年：1869年　時差：-8時間

■近代五輪メダル数

大会	夏	冬
金	18	64
銀	33	81
銅	36	87
合計	87	232

出場50回（夏27回/冬23回）

主な有名人　フランツ・シューベルト（音楽家）　アーノルド・シュワルツェネッガー（俳優）

大西洋
オランダ
ベルギー
ドイツ

Kingdom of the Netherlands　オランダ王国

オランダ

（比率 2:3）

///// 国の歴史・概要 /////

80年戦争で独立、日本との関係も深い。

歴史は古く、神聖ローマ帝国やハプスブルク家の領土などを経て、1568年に独立戦争が勃発。80年もの長き戦いの末、1648年に連邦共和国として独立を承認された。アジアへの進出も早く、日本とも深い関わりを持つほか、現在もカリブ海を中心に多くの海外領土を保有している。

国旗の由来 世界初の三色旗と言われ、16世紀の独立戦争時に用いたオレンジ、白、青の三分割旗が起源。赤は独立の勇気、白は信仰、青は祖国への忠誠を表す。

このスポーツ選手がすごい！

ダフネ・シパーズ（陸上）

世界陸上では女子七種競技、100m、200mでメダル獲得経験を持つ万能アスリート。五輪では2016年リオ大会200mで銀メダル。東京五輪での活躍も期待されるオランダのスプリンター。

DATA

建国年：1815年 国旗の制定年：1937年 面積：4万1,864平方キロメートル（九州とほぼ同じ）人口：1,718万4,000人（2017年）首都：アムステルダム 言語：オランダ語 宗教：キリスト教、イスラム教、ヒンズー教、仏教、無宗教他 国家元首：ウィレム・アレキサンダー国王陛下 通貨：ユーロ 在留邦人数：9,223人（2017年）在日オランダ人数：1,382人（2018年）日本との国交樹立年：1858年 時差：-8時間

■近代五輪メダル数

大会	夏	冬
金	85	45
銀	93	44
銅	108	41
合計	286	130

出場47回（夏26回／冬21回）

主な有名人 フィンセント・ヴィレム・ファン・ゴッホ（画家）　ポール・バーホーベン（映画監督）

Republic of North Macedonia　　　　北マケドニア共和国

北マケドニア

（比率 1:2）

国 の 歴 史 ・ 概 要

名称問題に揺れた古代マケドニアの地。

1991年にユーゴから独立。古代マケドニアに由来する地でマケドニア共和国として独立したが、古代マケドニアの南部を領土に収め、自国の歴史の一部とするギリシャが国名に強く反発。経済制裁やNATO加盟拒否に発展し、2019年1月に北マケドニアに国名を変更して妥協した。

国旗の由来 古代マケドニアの紋章であるヴェルギナの星がモチーフ。独立時は紋章そのものが国旗だったが、ギリシャの抗議を受け、モチーフに留めた。

このスポーツ選手がすごい！

ニコラ・ジョルジェフ（バレーボール）

最高到達点353cmのビッグサーバー。2015年にVプレミアリーグの東レ・アローズに入団すると高い攻撃力を発揮。2016-17シーズンにはチームを優勝に導き、リーグMVPを獲得した。

DATA

建国年：1991年 国旗の制定年：1995年 面積：2万5,713平方キロメートル（九州の約3分の2）人口：208万人（2018年）首都：スコピエ 言語：マケドニア語、アルバニア語 民族：マケドニア人 宗教：マケドニア正教（70%）、イスラム教（30%）国家元首：ステヴォ・ペンダロフスキ大統領 通貨：マケドニア・デナル 在留邦人数：21人（2018年）在日北マケドニア人数：42人（2018年）日本との国交樹立年：1994年 時差：-8時間

■近代五輪メダル数

大会	夏	冬
金	0	0
銀	0	0
銅	1	0
合計	1	0

出場12回（夏6回／冬6回）

主な有名人 エリフ・エルマス（サッカー選手）　ゴッツェ・セドロスキー（サッカー監督）

Republic of Cyprus キプロス共和国

キプロス

（比率 2:3）

国の歴史・概要

中東との関係も良好な稀有な国。

トルコの南、地中海東に位置するキプロス島の大部分を占めるイギリス連邦加盟国。日本では以前、英語読みに倣って「サイプラス」と呼称されていた。外国投資の誘致にも積極的でEU内では法人税が最低水準のこともあり、近年は欧州の企業などがその拠点をキプロスに移すことも多い。

国旗の由来〉中央にはキプロス島の形をあしらい、黄色は銅の産地を表す。2本のオリーブの枝はギリシャ系とトルコ系住民統一、平和を願う意味を持つ。

このスポーツ選手がすごい！

キリアコス・イオアヌ（陸上）

2007年、2009年の世界陸上・男子走高跳で2大会連続のメダルを獲得した同国スポーツ界の英雄。五輪では2004年アテネ大会から4大会連続出場中も、悲願の五輪メダルには届いていない。

DATA

建国年：1960年 国旗の制定年：1960年 面積：9,251平方キロメートル（四国の約半分）人口：119万人（2018年）首都：ニコシア 民族：ギリシャ系、トルコ系、その他（マロン派、アルメニア系等）言語：ギリシャ語（公用語）、トルコ語（公用語）、英語 宗教：ギリシャ正教、回教、その他（マロン派、アルメニア教会等）国家元首：ニコス・アナスタシアディス 大統領 通貨：ユーロ 在留邦人数：55人（2017年）日本との国交樹立年：1960年 時差：-7時間

■近代五輪メダル数

大会	夏	冬
金	0	0
銀	1	0
銅	0	0
合計	1	0

出場21回（夏10回/冬11回）

Hellenic Republic　　　　　　　ギリシャ共和国

ギリシャ

（比率 2:3）

国の歴史・概要

"五輪発祥の地"として知られる。

ヨーロッパの南東端、アジア、アフリカとの交差
点に位置する。長くオスマン帝国の一部だった
が、1821年に独立戦争が勃発。1832年に独立の
王国として承認された（現在は共和制）。ルーツは
古代ギリシャ文明まで遡り、五輪発祥の地として
も知られるなど、欧州有数の世界遺産数を誇る。

国旗の由来〉青は海と空、白は純粋さ、十字はギリシャ
正教への信仰心を表し、9本のラインはギリシャ神話
が由来とされる説など、成り立ちには諸説ある。

このスポーツ選手がすごい！

ヤニス・アデトクンボ（バスケットボール）

ミルウォーキー・バックスに所属するNBAプレイ
ヤー。211cmの長身ながらスピードにも優れた世
界屈指のオールラウンダー。2014年W杯にはギリ
シャ代表で出場。東京五輪出場も期待される。

DATA

建国年：1974年 国旗の制定年：1978
年 面積：13万1,957平方キロメート
ル（日本の約3分の1）人口：1,081
万人（2015年）首都：アテネ 民族：
ギリシャ人 言語：現代ギリシャ語
宗教：ギリシャ正教 国家元首：プロ
コピス・パヴロプロス大統領 通貨：
ユーロ 在留邦人数：653人（2017
年）在日ギリシャ人数：293人（2017
年）日本との国交樹立年：1899年
時差：-7時間

■近代五輪メダル数

大会	夏	冬
金	33	0
銀	43	0
銅	40	0
合計	116	0

出場47回（夏28回／冬19回）

主な有名人 アルキメデス（数学者） ソクラテス（哲学者） ピタゴラス（哲学者）　　　69

Republic of Croatia　　　　　　　　　クロアチア共和国

クロアチア

（比率 1:2）

DATA

建国年：1991年 国旗の制定年：1990年 面積：5万6,594平方キロメートル（九州の約1.5倍）人口：409万6,000人（2018年）首都：ザグレブ 民族：クロアチア人、セルビア人他 言語：クロアチア語（公用語）宗教：カトリック、セルビア正教他 国家元首：コリンダ・グラバル＝キタロビッチ大統領 通貨：クーナ 在留邦人数：160人（2019年）在日クロアチア人数：150人（2018年）日本との国交樹立年：1993年 時差：-8時間

/////////////// **国の歴史・概要** ///////////////

観光地として人気のアドリア海の宝石。

1991年にユーゴスラビアから独立。独立後もボスニア・ヘルツェゴビナ紛争に介入するなど政情は不安定だったが、同内戦の終結もあって経済的にも安定。現在では「アドリア海の宝石」と呼ばれるほどの美しい景観、温暖な気候もあって日本国内でも有数の人気観光地となっている。

国旗の由来 赤、白、青の配色は「汎スラブ色」と呼ばれる。中央にはクロアチアに加え、古代クロアチアなど5つの地域を組み合わせた紋章を配置している。

このスポーツ選手がすごい！

マリン・チリッチ（テニス）
同国伝統の「長身ビッグサーバー」の系譜を受け継ぐ身長198cmの世界的テニスプレイヤー。2014年全米オープン決勝ではともにグランドスラム初優勝をかけて錦織圭と対戦し、見事勝利した。

■近代五輪メダル数

大会	夏	冬
金	11	4
銀	10	6
銅	12	1
合計	33	11

出場15回（夏7回／冬8回）

主な有名人 ルカ・モドリッチ（サッカー選手）　ミルコ・クロコップ（格闘家）

Republic of Kosovo　　　　　　　コソボ共和国

コソボ

ボスニア・
ヘルツェゴビナ　　セルビア
モンテネグロ
コソボ　　北マケドニア

(比率 2:3)

国の歴史・概要

紛争を経て2008年に独立。

ユーゴスラビア・セルビア地方の自治州のひとつ
だったが、1990年代頃から独立運動が活発化。
その後、コソボ解放軍とユーゴスラビア軍の間で
紛争が起こり、NATOが空爆を行うなど世界的
な関心事となった。2008年に独立したものの、現
在も承認していない国は多い。

国旗の由来 地色の青は欧州連合の旗色。中央に金色
でコソボの国土を描き、星はアルバニア、ゴラニ、セ
ルビア、トルコ、ボスニア、ロマの6民族を表す。

このスポーツ選手がすごい！

マイリンダ・ケルメンディ（柔道）

2016年リオ五輪・柔道女子52kg級で同国に独立
後、初の金メダルをもたらした。世界柔道でも2個
の金メダル、2019年同大会でも銅メダルを獲得
するなど、東京五輪での活躍も期待される。

DATA

建国年:2008年 国旗の制定年:2008
年 面積:1万908平方キロメートル
(岐阜県に相当) 人口:180万5000
人(2018年) 首都:プリシュティナ
民族:アルバニア人(92%)、セルビ
ア人(5%)、トルコ人(3%)他 言
語:アルバニア語、セルビア語他 宗
教:イスラム教、セルビア正教他 国
家元首:ハシム・サチ大統領 通貨:
ユーロ 在留邦人数:7人(2017年)
日本との国交樹立年:2009年 時差:
-8時間

■近代五輪メダル数

大会	夏	冬
金	1	0
銀	0	0
銅	0	0
合計	1	0

出場2回(夏1回/冬1回)

主な有名人 アデリーナ・イスマイリ(歌手)　サミル・ウイカニ(サッカー選手)

Republic of San Marino　サンマリノ共和国

サンマリノ

（比率 3：4）

DATA

建国年：1862年 国旗の制定年：1862年 面積：61.2平方キロメートル 人口：3万3,121人（2016年）首都：サンマリノ 言語：イタリア語 宗教：カトリック教 国家元首：ステファノ・パルミエーリ執政、マッテオ・チャッチ執政 通貨：ユーロ 在留邦人数：7人（2015年）在日サンマリノ人数：1人（2015年）日本との国交樹立年：1996年 時差：-8時間

国の歴史・概要

イタリアに囲まれた特殊な国。

1631年にローマ教皇が独立を承認し、世界最古の独立共和国に（その後、1862年に近代国家としての主権・独立を獲得）。国土はイタリアに囲まれており、保護国に近い形で現在も密接な関係を築く。GDPの半分以上が観光客によるもので、歴史や景観を目当てに多くの人が訪れる。

国旗の由来 白はティタノ山にかかる雲や純粋さを、青はアドリア海や空を表す。中央の国章には3つの塔、王冠、ローリエとオークがあしらわれている。

このスポーツ選手がすごい！

マヌエル・ポジャーリ（オートバイレース）

ロードレース世界選手権で2度の王者に輝くなど、通算12勝、35回の表彰台を経験。2008年にモチベーションの低下を理由に25歳の若さで現役を引退したが、その後サッカー選手に転身した。

■近代五輪メダル数

大会	夏	冬
金	0	0
銀	0	0
銅	0	0
合計	0	0

出場22回（夏13回／冬9回）

主な有名人 ヴァレンティーナ・モネッタ（歌手）　ダニエラ・デル・ディン（射撃選手）

Georgia ジョージア

ジョージア

ロシア
ジョージア
トルコ

(比率 2:3)

国の歴史・概要

ソ連から独立し、独自路線を歩む。

黒海の東岸、ロシアとトルコの間に位置し、古くから交通の要衝になってきた土地。19世紀にロシア帝国に併合されたが、1991年にソ連から独立。南オセチア州の領有権を巡り、ロシアと緊張状態にある。2015年にグルジアからジョージアに日本国内での呼称を変更。

国旗の由来〉12 ～ 13世紀頃に隆盛を誇ったグルジア王国の旗が原型。12 ～ 14世紀に用いられた旗で赤い十字はイェルサレム十字と呼ばれる形。

このスポーツ選手がすごい！

ザザ・パチュリア（バスケットボール）

2003年からNBAでプレー。冷静かつ柔らかいプレーを武器に頭角を現すと、2016-17シーズンにはウォリアーズでNBA制覇に貢献。ジョージア人で初めてチャンピオンリングを手にした。

DATA

建国年：1991年 国旗の制定年：2004年 面積：6万9,700平方キロメートル（日本の約5分の1）人口：390万人（2019年）首都：トビリシ 民族：ジョージア系、アゼルバイジャン系、アルメニア系、ロシア系、オセチア系 言語：ジョージア語（公用語）宗教：主としてキリスト教（ジョージア正教）国家元首：サロメ・ズラビシヴィリ大統領 通貨：ラリ 在留邦人数：45人（2017年）在日ジョージア人数：79人（2018年）日本との国交樹立年：1992年 時差：-5時間

■近代五輪メダル数

大会	夏	冬
金	8	0
銀	8	0
銅	17	0
合計	33	0

出場13回（夏6回／冬7回）

主な有名人 黒海太（大相撲力士） 栃ノ心剛史（大相撲力士）

Swiss Confederation スイス連邦

スイス

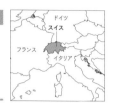

(比率 1:1)

国の歴史・概要

多くの国際機関本部がある永世中立国。

1815年から永世中立国。平和国家だが、中立を維持するための重武装も特徴的で武器や戦車の輸出国でもある。地金よりも堅いといわれるスイスフランの安定を背景に金融業が盛んなほか、精密機械工業、観光業なども発達している。また国連などの国際機関の本部が集まる。

国旗の由来 神聖ローマ帝国の軍旗や建国時の1州であるシュヴィーツ州の旗がベースの赤十字。比率1対1の珍しい国旗。

このスポーツ選手がすごい！

ロジャー・フェデラー（テニス）

テニス界のキング。2000年代には無敵の地位を築き、237週連続世界ランキング1位の歴代記録を打ち立てた。30代後半になっても実力は衰えず、2019年にはウィンブルドン通算100勝を達成。

DATA

建国年：1291年 国旗の制定年：1889年 面積：4万1,000平方キロメートル（九州とほぼ同じ）人口：842万人（2017年）首都：ベルン 言語：ドイツ語（63％）、フランス語（23％）、イタリア語（8％）、ロマンシュ語（0.5％）民族：主としてゲルマン民族（外国人約25％）宗教：カトリック（38％）、プロテスタント（26％）、その他のキリスト教（5％）、イスラム教（5％）国家元首：ウーリ・マウラー大統領 通貨：スイスフラン 在留邦人数：1万614人（2016年）在日スイス人数：1,077人（2017年）日本との国交樹立年：1864年 時差：-8時間

■近代五輪メダル数

大会	夏	冬
金	50	56
銀	75	45
銅	68	52
合計	192	153

出場51回（夏28回／冬23回）

74 主な有名人 アンディ・フグ（空手家・K-1選手） マルチナ・ヒンギス（テニス選手）

Kingdom of Sweden スウェーデン王国

スウェーデン

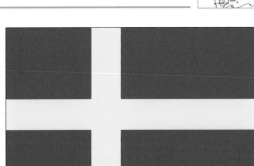

ノルウェー　スウェーデン　フィンランド

（比率 5:8）

国の歴史・概要

グローバル企業が育つ北欧の技術大国。

スカンディナビア半島の南東岸に位置。首都・ストックホルムは「水の都」として知られる世界的な都市。農業や林業が盛んだが、伝統的な技術大国であり、自動車メーカーのボルボや通信機器メーカー・エリクソンなどが有名。近年ではイケアやH&Mが日本に進出している。

国旗の由来 デンマーク国旗を参考にしたスカンディナビアクロス。青は空、黄色はキリスト教、自由、独立を表す。

このスポーツ選手がすごい！

アンナ・ハッセルボリ（カーリング）

2018年の平昌五輪で金メダルを獲得した女子スウェーデン代表のスキップ（主将）。男子顔負けのパワーショットを正確無比なコントロールで投げ込む世界的カーリングプレーヤー。

DATA

建国年：1523年 国旗の制定年：1906年 面積：45万平方キロメートル（日本の約1.2倍）人口：1,022万人（2018年）首都：ストックホルム 言語：スウェーデン語 宗教：福音ルーテル派が多数 国家元首：カール16世グスタフ国王 通貨：スウェーデン・クローナ 在留邦人数：4,217人（2017年）在日スウェーデン人数：1,739人（2018年）日本との国交樹立年：1868年 時差：-8時間

■近代五輪メダル数

大会	夏	冬
金	145	57
銀	170	46
銅	179	55
合計	494	158

出場50回（夏27回／冬23回）

主な有名人 ズラタン・イブラヒモビッチ（サッカー選手） アルフレッド・ノーベル（発明家）

IOCコード：ESP

Kingdom of Spain スペイン王国

スペイン

（比率 2:3）

国の歴史・概要

世界屈指の観光地でもある情熱の国。

ポルトガルとともに大航海時代を切り拓いた国。世界屈指の観光大国で闘牛、フラメンコが有名。「情熱の国」として知られる。スポーツも盛んでサッカーではレアル・マドリードやバルセロナなどの世界的ビッグクラブがあるほか、バスケットボールやテニスの強豪国でもある。

国旗の由来 赤は祖先の勇気と血、黄色は新大陸と富を表す。国章には現在の王権の紋章を中央に、周囲にはかつてのイベリア半島の5王国の紋章が描かれている。

このスポーツ選手がすごい！

アンドレス・イニエスタ（サッカー）

名門・バルセロナ、スペイン代表で輝きを放ったMF。小柄ながら創造性あふれるパスセンスで世界のサッカーファンを魅了。2018年夏にヴィッセル神戸に移籍し、Jリーグを盛り上げている。

DATA

建国年：1479年 国旗の制定年：1981年 面積：50万6,000平方キロメートル（日本の約1.3倍）人口：4,693万人（2019年）首都：マドリード 言語：スペイン（カスティージャ）語。自治州ではバスク語、カタルーニャ語、ガリシア語、バレンシア語、アラン語がそれぞれ公用語として認められている 国家元首：フェリペ6世国王 通貨：ユーロ 在留邦人数：8,192人（2017年）在日スペイン人数：3,368人（2018年）日本との国交樹立年：1868年 時差：-8時間

■近代五輪メダル数

大会	夏	冬
金	45	1
銀	64	0
銅	41	3
合計	150	4

出場43回（夏23回／冬20回）

76 主な有名人 ラファエル・ナダル（テニス選手） パブロ・ピカソ（画家）

IOCコード：SVK

Slovak Republic スロバキア共和国

スロバキア

（比率 2:3）

国の歴史・概要

チェコと分離したカヌーの強国。

1993年にチェコスロバキアから分離独立。工業国のチェコと比較すると、スロバキアは農業も盛んで、牧畜も盛んでマグネシウムなどの産出国でもある。カヌーの強豪国でもあり、リオ五輪でアジア勢初の銅メダルを獲得した羽根田卓也がカヌー留学していたことでも知られている。

国旗の由来 白、青、赤の汎スラブ三色の国旗。左側には国章が配されている。丘に立つ二重十字は東ローマ帝国の正教会のシンボル。

このスポーツ選手がすごい！

マレク・ハムシク（サッカー）

2007年から2019年2月までセリエA・ナポリに所属したヨーロッパ屈指のMF。豊富な運動量と高い攻撃力でチームの中心になり、ビッグクラブからのオファーを断り続けたナポリ愛でも有名。

DATA

建国年:1993年 国旗の制定年:1992年 面積:4万9,037平方キロメートル（日本の約7分の1）人口:545万人（2019年）首都:ブラチスラバ 言語:スロバキア語 民族:スロバキア人（80.7%）、ハンガリー人（8.5%）など 宗教:ローマ・カトリック（62%）、プロテスタント（ルター派6%）など 国家元首:ズザナ・チャプトヴァー大統領 通貨:ユーロ 在留邦人数:201人（2018年）在日スロバキア人数:288人（2018年）日本との国交樹立年:1993年 時差:-8時間

■近代五輪メダル数

大会	夏	冬
金	9	3
銀	12	4
銅	7	1
合計	28	8

出場13回（夏6回／冬7回）

主な有名人 アナスタシア・クズミナ（バイアスロン選手）　マテイ・トート（競歩選手）

77

Republic of Slovenia スロベニア共和国

スロベニア

オーストリア　ハンガリー
スロベニア

（比率 1:2）

国の歴史・概要

アルプスとアドリア海を望む観光地。

イタリアの北東にある人口約207万の小国。旧ユーゴの西側の玄関口として工業が発達した地域。アルプス山脈のふもとに位置し、鍾乳洞やスキーリゾートで知られる。小さなスポーツ大国ともいわれ、スキーや柔道が盛ん。スキー板メーカーのエランは世界的に有名。

国旗の由来〉白、青、赤の汎スラブ三色の国旗。左上には国章が配されており、国内最高峰のトリグラウ山とともにアドリア海を表す海岸が描かれている。

このスポーツ選手がすごい！

ヤンヤ・ガンブレット（スポーツクライミング）

2020年東京五輪から正式種目になった同競技の女子金メダル候補。リード、ボルダリングで圧倒的な強さを誇り、2019年のボルダリングワールドカップでは史上初の全勝優勝を果たした。

DATA

建国年：1991年 国旗の制定年：1994年 面積：2万273平方キロメートル（四国とほぼ同じ）人口：207万人（2018年）首都：リュブリャナ 言語：スロベニア語 宗教：カトリック（57.8%）、イスラム教（2.4%）、セルビア正教（2.3%）、プロテスタント（0.8%）、その他（不明・無信仰含む、37.7%）など 国家元首：ボルト・パホル大統領 通貨：ユーロ 在留邦人数：157人（2017年）在日スロベニア人数：202人（2018年）日本との国交樹立年：1992年 時差：-8時間

■近代五輪メダル数

大会	夏	冬
金	5	2
銀	8	5
銅	10	10
合計	23	17

出場15回（夏7回/冬8回）

主な有名人 ミリヴォイェ・ノヴァコヴィッチ（サッカー選手）ティナ・トルステニャク（柔道選手）

Republic of Serbia セルビア共和国

セルビア

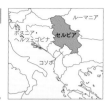

（比率 2:3）

国の歴史・概要

旧ユーゴの中心になった内陸の鉱業国。

第二次世界大戦後にはユーゴスラビア連邦の中心になった国。最後までユーゴに残り続けたが、2003年にセルビア・モンテネグロに移行し、2006年にモンテネグロが離脱。鉱物資源に恵まれ、工業、農業が盛んな地域。バスケットボール、バレー、水球などの強豪国として知られる。

国旗の由来 赤、青、白の汎スラブ三色の国旗。国章が配されており、東ローマ帝国の双頭のワシやセルビア王国由来の2本のユリが描かれている。

このスポーツ選手がすごい！

ノバク・ジョコビッチ（テニス）

21世紀を代表するテニスプレーヤーのひとり。4大大会を16回制しており、グランドスラム4大会連続優勝など伝説的な強さを誇る。高精度のバックハンドなど長所を挙げれば枚挙に暇がない。

DATA

建国年：2006年 国旗の制定年：2004年 面積：約7万7,474平方キロメートル（北海道とほぼ同じ）人口：712万人（2011年）首都：ベオグラード 言語：セルビア語（公用語）、ハンガリー語など 民族：セルビア人（83%）、ハンガリー人（4%）など 宗教：セルビア正教（セルビア人）、カトリック（ハンガリー人）など 国家元首：アレクサンダル・ブチッチ大統領 通貨：ディナール 在留邦人数：159人（2017年）日本との国交樹立年：2006年 時差：-8時間

■近代五輪メダル数

大会	夏	冬
金	3	0
銀	6	0
銅	6	0
合計	15	0

出場7回（夏4回／冬3回）

主な有名人 ニコラ・ヨキッチ（バスケットボール選手） ブランキツァ・ミハイロビッチ（バレーボール選手）

Czech Republic　　　　　　　　　　チェコ共和国

チェコ

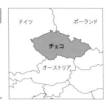

ドイツ　　　　　ポーランド
チェコ
オーストリア

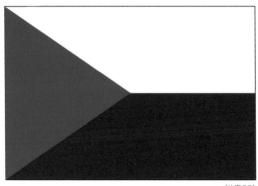

（比率 2:3）

国の歴史・概要

学術が花開いた世界一のビール消費国。

ボヘミア王国の隆盛、ハプスブルク家の支配などを経て、1918年にチェコスロバキアとして独立。第二次世界大戦後に社会主義体制になったが、民主化後の1993年にスロバキアと分離。ビールが名産で一人当たりの消費量は世界一の年間183.1リットル（2017年キリンビール調査）。

国旗の由来 チェコスロバキア時代の国旗を継承。汎スラブ三色で白は純粋さ、青は空、赤は独立闘争で流された血を表している。

このスポーツ選手がすごい！

ヤロミール・ヤーガー（アイスホッケー）

アイスホッケー強国のチェコの伝説的フォワード。1990 〜 2017年までNHLでプレーし、歴代2位の1921ポイントを記録。1998年の長野五輪では同国初の金メダル獲得に貢献した。

DATA

建国年：1993年 国旗の制定年：1920年 面積：7万8,866平方キロメートル（日本の約5分の1）人口：1,064万人（2018年）首都：プラハ 言語：チェコ語 民族：チェコ人（69％）、スロバキア人（14％）、その他ウクライナ人、ベトナム人など 宗教：カトリック（10.3％）、無信仰（34.3％）国家元首：ミロシュ・ゼマン大統領 通貨：チェコ・コルナ 在留邦人数：2,019人（2017年）在日チェコ人数：483人（2018年）日本との国交樹立年：1993年 時差：-8時間

■近代五輪メダル数

大会	夏	冬
金	15	9
銀	17	11
銅	24	11
合計	56	31

出場13回（夏6回／冬7回）

主な有名人 ペトル・ネフ（サッカー選手）　ドミニク・ハシェック（アイスホッケー選手）

Kingdom of Denmark デンマーク王国

デンマーク

デンマーク

オランダ　　　　ドイツ

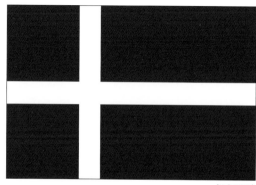

（比率 28:37）

国の歴史・概要

風力発電が有名な北欧の雄。

スカンディナビア半島の対岸のユトランド半島に位置。グリーンランドとフェロー諸島が自治領として存在する。1970年代から風力発電に力を入れており、国内の電力消費の4割以上を風力でまかなう。童話王・アンデルセンの母国でもあり、パステルカラーの街並みが観光人気を集める。

国旗の由来〉赤は神聖ローマ帝国軍、白十字はキリスト教の象徴。1219年、エストニアとの戦いの最中にデンマーク王の頭上に降ってきた伝説がある。

このスポーツ選手がすごい！

ミケル・ハンセン（ハンドボール）

2016年のリオ五輪でデンマークを初の金メダル獲得に導いたエース。196cmの長身から剛柔自在のシュートを放つ。所属するパリ・サンジェルマンではフランスリーグ5連覇に貢献。

DATA

建国年:10世紀 国旗の制定年:1854年 面積:4.3万平方キロメートル（九州とほぼ同じ、自治領を除く）人口:578万人（2018年）首都:コペンハーゲン 言語:デンマーク語 民族:デンマーク人など 宗教:福音ルーテル派（国教）国家元首:マルグレーテ2世女王 通貨:デンマーク・クローネ 在留邦人数:1,597人（2017年）在日デンマーク人数:514人（2017年）日本との国交樹立年:1867年 時差:-8時間

■近代五輪メダル数

大会	夏	冬
金	45	0
銀	74	1
銅	75	0
合計	194	1

出場41回（夏27回／冬14回）

主な有名人〉マッツ・ミケルセン（俳優）　ピーター・シュマイケル（サッカー選手）

Federal Republic of Germany ドイツ連邦共和国

ドイツ

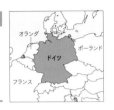

（比率 3:5）

国の歴史・概要

世界3位の輸出を誇るヨーロッパの要。

ヨーロッパ最大の工業国。世界3位の輸出国であり、その額は世界4位の日本の約2倍。多種多様な産業が栄え、メルセデス・ベンツ、BMW、ポルシェなど、世界的自動車メーカーも数多く存在する。これまでにFIFAワールドカップを4度制したサッカー大国でもある。

国旗の由来〉黒、赤、黄色の三色旗。黒は勤勉、赤は熱血、金は名誉と栄光を表す。ナポレオン戦争時の軍服（黒字に肩章、金ボタン）に由来。

このスポーツ選手がすごい！

ミハエル・シューマッハ（F1）

1990〜2000年代のF1で数々の伝説を築いた「皇帝」。正確無比なドライビング技術と勝利を徹底的に追求する走りで史上最多の91勝を挙げ、7度の世界王者に輝いた。

DATA

建国年：1990年 国旗の制定年：1949年 面積：35万7,000平方キロメートル（日本の約94％）人口：8,302万人（2018年）首都：ベルリン 言語：ドイツ語 民族：ゲルマン系を主体とするドイツ民族 宗教：カトリック（29.9％）、プロテスタント（28.9％）、イスラム教（2.6％）、ユダヤ教（0.1％）国家元首：フランク＝ヴァルター・シュタインマイヤー大統領 通貨：ユーロ 在留邦人数：4万5,784人（2018年）在日ドイツ人数：7,730人（2018年）日本との国交樹立年：1861年 時差：-8時間

■近代五輪メダル数

大会	夏	冬
金	192	89
銀	186	86
銅	214	58
合計	592	233

出場25回（夏15回／冬10回）

主な有名人 ルートヴィヒ・ヴァン・ベートーヴェン（作曲家） オリバー・カーン（サッカー選手）

Republic of Turkey　　　　　　　　トルコ共和国

トルコ

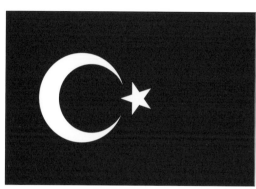

（比率 2:3）

////// 国の歴史・概要 //////

アジアとヨーロッパの文化の集積地点。

かつてはオスマン帝国として隆盛を誇ったが、第一次世界大戦に敗戦。列強の占領下に置かれた末、1923年にオスマン帝国を廃して独立。アジアとヨーロッパの接点にあり、最大都市のイスタンブールには豪華絢爛なモスクなどがそびえ立つ。トルコ料理は世界三大料理のひとつ。

国旗の由来〉赤はトルコの民族色で勇気を表す。三日月と五角星はイスラム教のシンボルで、月の女神ディアナと明けの明星を表す。

このスポーツ選手がすごい！

ナイム・スレイマノグル（重量挙げ）

1988年から五輪3連覇を果たしたトルコの英雄。147cmの小さな体ながら、体重の3倍ものバーベルを持ち上げ、「ポケット・ヘラクレス」の異名で親しまれた。トルコの重量挙げ人気を築いた祖。

DATA

建国年：1923年 国旗の制定年：1821年 面積：78万576平方キロメートル（日本の約2倍）人口：8,200万3,822人（2018年）首都：アンカラ 言語：トルコ語（公用語）民族：トルコ人（南東部を中心にクルド人、アルメニア人、ギリシャ人、ユダヤ人など）宗教：イスラム教（スンニ派、アレヴィー派）が大部分を占める。その他ギリシャ正教、アルメニア正教、ユダヤ教など 国家元首：レジェップ・タイップ・エルドアン大統領 通貨：トルコ・リラ 在留邦人数：1,791人（2017年）在日トルコ人数：6,349人（2018年）日本との国交樹立年：1924年 時差：-6時間

■近代五輪メダル数

大会	夏	冬
金	39	0
銀	27	0
銅	27	0
合計	93	0

出場39回（夏22回／冬17回）

主な有名人》 ブラク・ユルマズ（サッカー選手）　タハ・アクギュル（レスリング選手）

Kingdom of Norway　　　　　ノルウェー王国

ノルウェー

（比率8:11）

北海の恵みを受ける沈まない太陽の国。

スカンディナビア半島の西に位置。8 〜 11世紀のバイキング時代を経て、王朝が成立したが、デンマークに支配され、一時はスウェーデンと同君連合を形成していた。北海油田での石油産出や漁業（サーモン、サバ）が有名。北極圏に近く、夏場はほぼ太陽が沈まない白夜になる。

国旗の由来 デンマーク国旗に由来するスカンディナビアクロス。赤は熱情、白は雪、青は海と国土を表している。

このスポーツ選手がすごい！

マーレン・ルンビ（スキージャンプ）

冬季五輪メダル獲得数世界1位のノルウェーが生んだ女子ジャンパー。2018年の平昌五輪では金メダルを獲得したほか、2017-18シーズンからワールドカップで2季連続総合優勝を果たしている。

DATA

建国年:1905年 国旗の制定年:1821年 面積:38万6,000平方キロメートル（日本とほぼ同じ）人口:532万8,212人（2019年）首都:オスロ 言語:ノルウェー語 宗教:福音ルーテル派が多数 国家元首:ハラルド5世 国王 通貨:ノルウェー・クローネ 在留邦人数:1,156人（2017年）在日ノルウェー人数:445人（2018年）日本との国交樹立年:1905年 時差:-8時間

■近代五輪メダル数

大会	夏	冬
金	56	132
銀	49	125
銅	47	111
合計	152	368

出場48回（夏25回／冬23回）

Vatican　　　　　　　　　　　　　　バチカン

バチカン

（比率 1:1）

国の歴史・概要

世界最小のカトリック総本山。

カトリックの総本山。バチカン市国と法王聖座（法王の国）の総称をバチカンという。64年頃に使徒ペテロがバチカンの丘に葬られ、そこに聖ピエトロ聖堂が建てられたのが起源。イタリア王国成立でローマ教皇領が接収されたが、1929年に独立国家として認められた。

国旗の由来　黄色と白はイェルサレム王国の金の十字と銀の盾の紋章に基づく。フライ側には金銀の鍵と教皇の冠が配されている。

このスポーツ選手がすごい！

ジョバンニ・トラパットーニ（サッカー）

国籍はイタリアだが、2010年に1試合限定でバチカン代表の監督に招聘された。欧州サッカーリーグを代表する名将で、UEFA主催の3大タイトルとトヨタカップを制覇した唯一の人物。

DATA

建国年:1929年 国旗の制定年:1929年 面積:0.44平方キロメートル（東京ドーム 約10個分）人口:820人（2018年）首都:バチカン市 言語:ラテン語（公用語）、フランス語（外交用）、イタリア語（業務用）宗教:カトリック 国家元首:ローマ教皇 通貨:ユーロ 在留邦人数:0人（2018年）在日バチカン人数:0人（2018年）日本との国交樹立年:1942年（1952年再開）時差:-8時間

■近代五輪メダル数

大会	夏	冬
金	0	0
銀	0	0
銅	0	0
合計	0	0

出場0回（夏0回／冬0回）

主な有名人 フランシスコ（266代ローマ教皇・現職）　ベネディクト16世（265代ローマ教皇）

Hungary ハンガリー

ハンガリー

（比率 1:2）

国の歴史・概要

ヨーロッパ有数の温泉とワインの国。

1000年にハンガリー王国が成立したのが国の起源。ヨーロッパ随一の温泉大国であり、首都・ブダペストはスパリゾートとして人気を集めている。ドナウ川の恵みで農業も盛んでワインやパプリカが名産。第二次世界大戦後の社会主義時代に機械工業も発展している。

国旗の由来 赤は過去の闘争、白は忠誠心、緑は自然を表している。赤と白は9世紀末にマジャル人を率いてハンガリーに到達したアールパード家に由来。

このスポーツ選手がすごい！

カティンカ・ホッスー（競泳）

リオ五輪で女子200m個人メドレー、同400m、100m背泳ぎで金メダル、200m背泳ぎで銀メダルを獲得。同大会では異例の13レースに出場。無尽のスタミナを持ち、「鉄の女」と称されている。

DATA

建国年：1000年 国旗の制定年：1957年 面積：約9.3万平方キロメートル（日本の約4分の1）人口：約980万人（2018年）首都：ブダペスト 言語：ハンガリー語 民族：ハンガリー人（86％）、ロマ人（3.2％）、ドイツ人（1.9％）など 宗教：カトリック（約39％）、カルヴァン派（約12％）国家元首：アーデル・ヤーノシュ大統領 通貨：フォリント 在留邦人数：1,691人（2018年）在日ハンガリー人数：900人（2017年）日本との国交樹立年：1869年 時差：-8時間

■近代五輪メダル数

大会	夏	冬
金	175	1
銀	148	2
銅	169	4
合計	492	7

出場49回（夏26回／冬23回）

主な有名人 ジョージ・ソロス（投資家） ピーター・フランクル（タレント・数学者）

Republic of Finland | **フィンランド共和国**

フィンランド

ノルウェー
フィンランド
スウェーデン
ロシア

（比率 11:18）

///////// 国 の 歴 史・概 要 /////////

森と湖やサウナで知られる北欧の先進国。

スカンジナビア半島の根元に位置。森林が国土の約70%を占め、林業が盛んだったが、2011年までノキア社が携帯電話の世界シェアトップを走るなど、高い教育水準を背景に第三次産業が成長。サウナ発祥の地としても知られ、国内には約200 〜 300万のサウナがあるといわれる。

国旗の由来 白は雪、青は湖を表す。デンマーク国旗を参考にしたスカンディナビアクロスと呼ばれるデザイン。

このスポーツ選手がすごい！

イーヴォ・ニスカネン（クロスカントリースキー）

雪国のフィンランドを代表するスキーヤー。2014年のソチ五輪ではチームスプリントで金、2018年の平昌五輪では男子50kmで金メダルを獲得。距離自在、スタミナ抜群の走りでファンを魅了。

DATA

建国年:1917年 国旗の制定年:1978年 面積:33.8万平方キロメートル（日本よりやや小さい）人口:551万人（2018年）首都:ヘルシンキ 言語:フィンランド語、スウェーデン語 宗教:キリスト教（福音ルーテル派、正教会）国家元首:サウリ・ニーニスト大統領 通貨:ユーロ 在留邦人数:2,005人（2018年）在日フィンランド人数:769人（2018年）日本との国交樹立年:1919年（1957年再開）時差:-7時間

■近代五輪メダル数

大会	夏	冬
金	101	43
銀	85	63
銅	117	62
合計	303	168

出場48回（夏25回／冬23回）

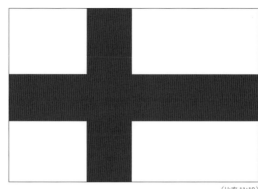

主な有名人 マッチ・ニッカネン（スキージャンプ選手）　ミカ・ハッキネン（F1ドライバー）

ASIA
EUROPE
OCEANIA
AFRICA
AMERICA

| French Republic | フランス共和国 |

フランス

（比率 2:3）

（比率 2:3）

<hr />

国の歴史・概要

ヨーロッパ統合の中心を担う経済大国。

EUの中心を担う大国。18 ～ 19世紀には芸術が栄え、現在もパリは「芸術の都」と呼ばれる。気候が穏やかで国土にも恵まれており、「ヨーロッパのパン籠」の異名を持つEU最大の農業大国で小麦、トウモロコシ、砂糖、チーズ、ワインなどの生産が盛ん。

国旗の由来 青は自由、白は平等、赤は博愛のシンボル。赤と青はパリ、白はブルボン王家のシンボルカラー。通称トリコロール。

このスポーツ選手がすごい！

テディ・リネール（柔道）

柔道大国フランスの男子100kg超級のエース。身長204cmの大柄な体格を生かしたパワー柔道で2007年より世界選手権10連覇。五輪も2連覇中で東京五輪での3連覇を目指す。

DATA

建国年：1792年 国旗の制定年：1794年 面積：54.4万平方キロメートル（本土のみ）人口：6,699万人（2019年）首都：パリ 言語：フランス語 宗教：カトリック、イスラム教、プロテスタント、ユダヤ教 国家元首：エマニュエル・マクロン大統領 通貨：ユーロ 在留邦人数：4万2,712人（2017年）在日フランス人数：1万3,248人（2018年）日本との国交樹立年：1858年 時差：-8時間

■近代五輪メダル数

大会	夏	冬
金	212	36
銀	241	35
銅	263	53
合計	716	124

出場51回（夏28回／冬23回）

主な有名人 ジネディーヌ・ジダン（サッカー選手） リュック・ベッソン（映画監督）

Republic of Bulgaria　　　　ブルガリア共和国

ブルガリア

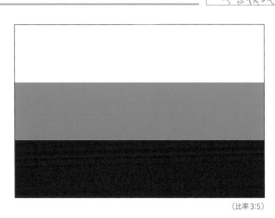

（比率 3:5）

国の歴史・概要

ヨーグルトが有名な東西文化の合流点。

バルカン半島に位置。14世紀よりオスマン帝国の支配下に入り、19世紀後半の露土戦争により、ロシアの衛星国として独立した。ヨーグルトが有名で、1年で最初に作るのは聖ゲオルギイの日（5月6日）と定められている。美しい山々やビザンツ様式の大聖堂などが観光名所。

国旗の由来　白は平和、緑は大地、赤は勇気を表す。緑は農業の象徴だが、1989年の民主化以降、工業化が進んでおり、GDPの農林業比率は約10％。

このスポーツ選手がすごい！

琴欧洲勝紀（大相撲）

少年時代はレスリングで五輪を目指していたが、大学で相撲と出会い19歳で来日。スピード出世で大関に駆け上がると、2008年の夏場所ではヨーロッパ出身力士で初の幕内最高優勝を果たした。

DATA

建国年：1908年 国旗の制定年：1990年 面積：11万900平方キロメートル（日本の約3分の1）人口：708万人（2017年）首都：ソフィア 言語：ブルガリア語 民族：ブルガリア人（約80％）、トルコ系（10％）、ロマ（推定約10％）宗教：大多数はブルガリア正教、その他イスラム教、カトリック、新教徒など 国家元首：ルメン・ラデフ大統領 通貨：レフ 在留邦人数：138人（2017年）在日ブルガリア人数：438人（2018年）日本との国交樹立年：1939年 時差：-7時間

■近代五輪メダル数

大会	夏	冬
金	51	1
銀	87	2
銅	80	3
合計	218	6

出場40回（夏20回／冬20回）

主な有名人 アルメン・ナザリャン（レスリング選手） フリスト・ストイチコフ（サッカー選手）

Republic of Belarus ベラルーシ共和国

ベラルーシ

ロシア

ベラルーシ

ポーランド

ウクライナ

（比率 1:2）

国の歴史・概要

ロシアよりソ連の香りが残る異色の国。

ポーランドとロシアの間に位置。18世紀末にロシア領になり、20世紀にはソ連の主要構成国になった。1991年に独立したが、旧ソ連型の管理経済体制を維持しており、今もレーニン像などソビエトを感じさせるモニュメントが数多く残る。IT産業が盛んだが、インフレが問題。

国旗の由来 赤は過去の戦い、緑は希望と森林を表す。左側の装飾はベラルーシの伝統的な文様で花や植物をイメージしている。

このスポーツ選手がすごい！

ブラディミル・サムソノフ (卓球)

20年以上、ヨーロッパ卓球界を牽引し続ける鉄人。189cmの身長を生かした守備は鉄壁と称される。これまでにワールドカップ優勝3回。2016年のリオ五輪では40歳にして4位に入賞した。

DATA

建国年:1991年 国旗の制定年:1995年 面積:20万7,600平方キロメートル (日本の約半分) 人口:949万人 (2018年) 首都:ミンスク 言語:ベラルーシ語 (公用語)、ロシア語 民族:ベラルーシ人 (83.7%)、ロシア人 (8.3%)、ポーランド人 (3.1%)、ウクライナ人 (1.7%) 宗教:ロシア正教 (84%)、カトリック (7%)、その他 (3%)、無宗教 (6%) 国家元首:アレクサンドル・ルカシェンコ大統領 通貨:ベラルーシ・ルーブル 在留邦人数:70人 (2017年) 在日ベラルーシ人数:380人 (2017年) 日本との国交樹立年:1992年 時差:-6時間

■近代五輪メダル数

大会	夏	冬
金	12	8
銀	27	5
銅	39	5
合計	78	18

出場13回 (夏6回/冬7回)

主な有名人 ビクトリア・アザレンカ (テニス選手) アレクセイ・イグナショフ (総合格闘家)

Kingdom of Belgium　　ベルギー王国

ベルギー

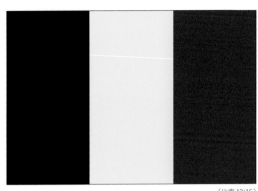

（比率 13:15）

国の歴史・概要

多種の産業が栄えるヨーロッパの中核。

中世から織物業が栄え、大陸ヨーロッパではいち早く産業革命が始まった工業と貿易の国。北部はオランダ語（フラマン語）、南部はフランス語が使用されており、多言語国家としても知られる。首都・ブリュッセルはEUやNATO本部が置かれ、「ヨーロッパの首都」ともいわれる。

国旗の由来 かつてベルギーの一部を治めたブラバント公の紋章の色から。黒い大地に赤い舌を出した黄色いライオンに由来する。形は正方形に近い。

このスポーツ選手がすごい！

ステファン・エバーツ（モトクロス）

モトクロス発祥の地・ベルギーきっての伝説的ライダー。「エバーツ乗り」と呼ばれるスタンディングを多用した走りで完璧にマシンをコントロール。史上最多の世界選手権10回優勝を果たした。

DATA

建国年：1830年 国旗の制定年：1831年 面積：3万528平方キロメートル（日本の約12分の1）人口：1,141万3,000人（2019年）首都：ブリュッセル 言語：オランダ語（フラマン語）、フランス語、ドイツ語 民族：フランデレン人（約60％）、ワロン人（約30％）など 宗教：伝統的にはカトリックだが、近年はムスリム移民が増加 国家元首：フィリップ国王 通貨：ユーロ 在留邦人数：6,442人（2017年）在日ベルギー人数：874人（2018年）日本との国交樹立年：1866年 時差：-8時間

■近代五輪メダル数

大会	夏	冬
金	41	1
銀	54	2
銅	55	3
合計	150	6

出場47回（夏26回／冬21回）

主な有名人 ロメル・ルカク（サッカー選手）　フィリップ・ジルベール（自転車選手）

Republic of Poland　　　　ポーランド共和国

ポーランド

ドイツ
ポーランド
チェコ
ウクライナ

（比率5:8）

国の歴史・概要

音楽と建築文化が花開いた美しい町々。

14世紀にリトアニアと連合し、共和国を形成。ルネサンスやバロック文化が花開いた地。しかし、18世紀末から大国の勢いに押されて3度にわたり分割され、第二次世界大戦ではドイツとソ連が衝突。非常な激戦地となった。首都ワルシャワはショパンを輩出した音楽の聖地。

国旗の由来〉1807年にフランスの衛星国として建国されたワルシャワ公国の旗。白は喜びと尊厳、赤は自由と独立のために流された血を表す。

このスポーツ選手がすごい！

アニタ・ヴォダルチク（ハンマー投げ）

ハンマー投げ界の女王。2015年の世界選手権で女子初の80m超えを達成すると、2016年のリオ五輪では82m29で自己記録を更新し、金メダル。男子の金メダリストをも上回る好投だった。

DATA

建国年：1918年 国旗の制定年：1990年 面積：32.2万平方キロメートル（日本の約5分の4）人口：約3,840万人（2019年）首都：ワルシャワ 言語：ポーランド語 民族：ポーランド人（約97％）宗教：カトリック（約88％）国家元首：アンジェイ・ドゥダ大統領 通貨：ズロチ 在留邦人数：1,776人（2019年）在日ポーランド人数：1,496人（2018年）日本との国交樹立年：1919年 時差：-8時間

■近代五輪メダル数

大会	夏	冬
金	68	7
銀	83	7
銅	133	8
合計	284	22

出場44回（夏21回／冬23回）

主な有名人 ヨハネ・パウロ2世（ローマ教皇）　ロベルト・レヴァンドフスキ（サッカー選手）

Bosnia and Herzegovina　　　ボスニア・ヘルツェゴビナ

ボスニア・ヘルツェゴビナ

（比率 1:2）

国の歴史・概要

内戦で疲弊した旧ユーゴスラビア。

旧ユーゴスラビア。1992年の独立に際し、ボシュニク人、セルビア人、クロアチア人が覇権を争い熾烈な内戦に発展。1995年の終戦までに20万人の死者を出した。現在もボスニア・ヘルツェゴビナ連邦、スルプスカ共和国の両政府による国家連合の政体になっている。

国旗の由来 青と星は欧州連合旗から。黄色の三角形は国土の形とボシュニク人、セルビア人、クロアチア人の融和と共生を表している。

このスポーツ選手がすごい！

イビチャ・オシム（サッカー）

現役時代は主にフランスでプレー。日本代表監督も務めた名将。1986 ～ 92年にはユーゴ代表監督を務め、民族主義を排した実力主義でチームを作り、ユーゴ紛争終結後に再評価された。

DATA

建国年：1992年 国旗の制定年：1998年 面積：5万1,000平方キロメートル（関東地方と四国の合計とほぼ同じ）人口：353万1,000人（2013年）首都：サラエボ 言語：ボスニア語、セルビア語、クロアチア語 民族：ボシュニク（ムスリム）人（50%）、セルビア人（31%）、クロアチア人（15%）宗教：イスラム教、セルビア正教、カトリック 国家元首：大統領 評議会議長（主要3民族による8ヵ月ごとの交替制）通貨：兌換マルク 在留邦人数：31人（2018年）在日ボスニア・ヘルツェゴビナ人数：40人（2018年）日本との国交樹立年：1996年 時差：-8時間

■近代五輪メダル数

大会	夏	冬
金	0	0
銀	0	0
銅	0	0
合計	0	0

出場14回（夏7回／冬7回）

主な有名人 ヴァヒド・ハリルホジッチ（サッカー監督）　イヴォ・アンドリッチ（作家）

Portuguese Republic　　　　ポルトガル共和国

ポルトガル

（比率 2:3）

大航海時代を率いたヨーロッパ西端国。

ユーラシア大陸の最西端。15世紀に海洋進出を始め、大航海時代のきっかけになった国。16世紀には日本に到達し、鉄砲や多くの南蛮文化をアジアに持ち込んだ。地中海性気候でオリーブ、ワイン、小麦などの生産が盛ん。タングステンやコルクは世界的に高いシェアを持つ。

国旗の由来〉緑は希望、赤は大海原に乗り出した勇気ある祖先の血を表す。中央には航海で使った天球儀とレコンキスタに由来する国章を配置。

このスポーツ選手がすごい！

クリスティアーノ・ロナウド（サッカー）

世界を代表するストライカー。マンチェスター・ユナイテッドやレアル・マドリードでプレーし、5度のバロンドールを受賞。2018年7月にユヴェントスに移籍したが、実力は衰えず、MVPを受賞。

DATA

建国年:1910年 国旗の制定年:1911年 面積:9万1,985平方キロメートル（日本の約4分の1）人口:1,027万人（2018年）首都:リスボン市 言語:ポルトガル語 民族:ポルトガル人 宗教:カトリックが圧倒的多数 国家元首:マルセロ・レベロ・デ・ソウザ大統領 通貨:ユーロ 在留邦人数:728人（2018年）在日ポルトガル人数:590人（2018年）日本との国交樹立年:1860年 時差:-9時間

■ 近代五輪メダル数

大会	夏	冬
金	4	0
銀	8	0
銅	12	0
合計	24	0

出場32回（夏24回／冬8回）

主な有名人 ジョゼ・モウリーニョ（サッカー監督）　ネルソン・エボラ（陸上選手）

Republic of Matla　　　　　　　　　　マルタ共和国

マルタ

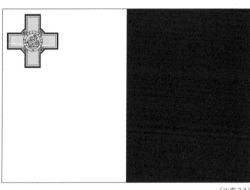

（比率 2:3）

///////// **国 の 歴 史・概 要** /////////

巨石文明の跡が残る地中海中央の島国。

イタリア・シチリア島の南に浮かぶ島国。19世紀のウィーン会議以降、地中海の要衝としてイギリスが領有してきた。紀元前4500年から前2000年に建てられたと見られる巨石神殿や中世の建造物など歴史的遺産が多く残っている。ハリウッド映画のロケ地としても有名。

国旗の由来 赤と白はマルタ騎士団などが使用した伝統色。左上は第二次世界大戦での貢献に対して、イギリス国王がマルタ国とマルタ全島民に贈った勲章。

このスポーツ選手がすごい！

マイケル・ミフスド（サッカー）

サッカー熱が高いマルタを代表する選手。2007年にはイングランド2部のコヴェントリーでチーム得点王に。カップ戦ではマンチェスター・ユナイテッドから2得点を奪い、大番狂わせを起こした。

DATA

建国年：1964年 国旗の制定年：1964年 面積：316平方キロメートル（淡路島の約半分）人口：43万人（2016年）首都：バレッタ 言語：マルタ語、英語（ともに公用語）宗教：カトリック 国家元首：ジョージ・ヴェラ大統領 通貨：ユーロ 在留邦人数：167人（2017年）在日マルタ人数：17人（2016年）日本との国交樹立年：1965年 時差：-8時間

■近代五輪メダル数

大会	夏	冬
金	0	0
銀	0	0
銅	0	0
合計	0	0

出場18回（夏16回／冬2回）

主な有名人 ジョセフ・カレヤ（テノール歌手）　マイケル・シクルナ（プロレスラー）

Principality of Monaco　　　モナコ公国

モナコ

（比率 4:5）

国の歴史・概要

世界中の富が集まるセレブ都市国家。

バチカンに次いで世界で2番目に小さいミニ国家。所得税が課されないタックスヘイブンであり、世界の億万長者が居住している。居住権を持つ外国人が人口の約8割を占め、モナコ国籍保持者は約2割。世界屈指の高級リゾート地でもあり、カジノやF1・モナコGPが有名。

国旗の由来 赤と白はモナコ公家であるグリマルディ家のシンボルカラー。インドネシア国旗と同一の配色だが、モナコ国旗は比率が4:5、インドネシアは2:3。

このスポーツ選手がすごい！

シャルル・ルクレール（F1）

1997年生まれ。F1屈指の若手有望株。2019シーズンに名門・フェラーリに移籍すると、ベルギーGPで初勝利。続くイタリアGPも勢いに乗って連勝し、モナコ国歌をサーキットに響かせた。

DATA

建国年：1861年 国旗の制定年：1881年 面積：2.02平方キロメートル（東京ディズニーリゾートとほぼ同じ）人口：3万8,400人（2015年）首都：モナコ市 言語：フランス語（公用語）民族：モナコ人は約2割、残りはフランス人、イタリア人など 宗教：カトリック（国教）国家元首：アルベール2世公 通貨：ユーロ 在留邦人数：121人（2016年）日本との国交樹立年：2006年 時差：-8時間

■近代五輪メダル数

大会	夏	冬
金	0	0
銀	0	0
銅	0	0
合計	0	0

出場30回（夏20回/冬10回）

主な有名人 アルベール2世（大公・ボブスレー選手） オリビエ・ベレッタ（レーシングドライバー）

モルドバ

（比率 1:2）

国の歴史・概要

オスマン帝国とロシア帝国が争った要衝。

アジアとヨーロッパを結ぶ要衝にあり、ルーマニア、オスマン帝国、ロシア帝国（ソ連）の間で領土が行き来した土地。民族的にはルーマニア人と同一だが、モルドバ人を別とする民族主義もあり、国内でも賛否が分かれている。東部は旧ソ連の流れを汲む勢力が実効支配中。

国旗の由来 青は過去と民主主義、黄色は現在と伝統、赤は未来と平等を表す。中央の国章は牛が描かれた盾とモルダヴィア公国時代の紋章であるワシ。

このスポーツ選手がすごい！

ダン・オラル（アーチェリー）

2012年のロンドン五輪のモルドバ代表。当時15歳にもかかわらず、2勝を挙げ、ベスト16に進出したほか、開会式では旗手を務めた。その後もヨーロッパ選手権で好成績を残している。

DATA

建国年:1991年 国旗の制定年:1990年 面積:3万3,843平方キロメートル（九州よりやや小さい）人口:354万7,000人（2018年）首都:キシニョフ 言語:モルドバ（ルーマニア）語、ロシア語も一般に通用 民族:モルドバ（ルーマニア系）人（75.1%）、ウクライナ人（6.6%）、ロシア人（4.1%）、ガガウス（トルコ系）人（4.6%）他（2014年）宗教:キリスト教（正教）他 国家元首:イーゴル・ドドン大統領 通貨:モルドバ・レイ 在留邦人数:25人（2019年）在日モルドバ人数:165人（2018年）日本との国交樹立年:1992年 時差:-7時間

■近代五輪メダル数

大会	夏	冬
金	0	0
銀	2	0
銅	3	0
合計	5	0

出場13回（夏6回/冬7回）

主な有名人 O-Zone（音楽グループ）　アルトゥール・ヨニツァ（サッカー選手）

Montenegro モンテネグロ

モンテネグロ

（比率 1:2）

国の歴史・概要

険しい渓谷と山々のアドリア海の秘宝。

旧ユーゴスラビアの一国で2006年にセルビア・モンテネグロから分離独立。モンテネグロはイタリアの方言で「黒い山」を意味し、国土には険しい岩山がそびえ立つ。港町のコトルは世界遺産になっており、ヴェネツィア共和国が築いた城壁と伝統的な赤屋根が中世の香りを残す。

国旗の由来〉1877〜78年、オスマン帝国に独立を求めた露土戦争で使用した軍旗の色がベース。双頭のワシは東ローマ帝国のシンボル。

このスポーツ選手がすごい！

マヤ・サビッチ（ハンドボール）

2012年のロンドン五輪で独立後、初のメダルを獲得した女子ハンドボール代表の中心選手。ゴール隅に叩き込む正確なジャンプシュートを持ち、世界屈指のレフトウィングとして知られた。

DATA

建国年：2006年 国旗の制定年：2004年 面積：1万3,812平方キロメートル（福島県とほぼ同じ）人口：62万人（2017年）首都：ポドゴリツァ 言語：モンテネグロ語（公用語）、セルビア語など 民族：モンテネグロ人（45%）、セルビア人（29%）、ボシュニャク人（9%）、アルバニア人（5%）など 宗教：キリスト教（正教）、イスラム教など 国家元首：ミロ・ジュカノビッチ大統領 通貨：ユーロ（独自に導入）在留邦人数：27人（2017年）日本との国交樹立年：2006年 時差：-8時間

■近代五輪メダル数

大会	夏	冬
金	0	0
銀	1	0
銅	0	0
合計	1	0

出場6回（夏3回／冬3回）

主な有名人 ボジャン・バゼリ（撮影監督） ステヴァン・ヨヴェティッチ（サッカー選手）

Republic of Latvia　　　　　ラトビア共和国

ラトビア

ロシア
エストニア
ラトビア
リトアニア

（比率1:2）

国の歴史・概要

女性の社会進出が顕著なロシアの窓口。

バルト三国の中央。1991年にソ連から独立。男性は外国で働く人々が多く、男性と比較して女性が1割以上多い。ロシア系の住民も多く、ラトビア語とロシア語のバイリンガルが国の強みだが、独立の際にソ連時代に入国したロシア系移民に国籍を与えず、無国籍者の問題を抱える。

国旗の由来 1918年にロシア帝国から一度独立した際の旗。暗い茶色はラトビアンレッドと呼ばれる色で13世紀頃に当地を支配したドイツ騎士団が使用。

このスポーツ選手がすごい！

マーリス・シュトロムベルグス（自転車競技）

2008年の北京五輪から正式種目に採用されたBMX（自転車モトクロス）レースの"皇帝"。圧倒的な脚力を生かしたスタートダッシュを武器に、北京、ロンドンで連続金メダルを獲得した。

DATA

建国年：1991年 国旗の制定年：1990年 面積：6万5,000平方キロメートル（東北地方よりやや狭い）人口：193万人（2018年）首都：リガ 言語：ラトビア語 宗教：プロテスタント（ルター派）、カトリック、ロシア正教 国家元首：エギルス・レヴィッツ大統領 通貨：ユーロ 在留邦人数：59人（2017年）在日ラトビア人数：208人（2018年）日本との国交樹立年：1991年 時差：-7時間

■近代五輪メダル数

大会	夏	冬
金	3	1
銀	11	3
銅	5	5
合計	19	9

出場22回（夏11回／冬11回）

主な有名人 マルティンシュ・ドゥクルス（スケルトン選手）　イングナ・ブターネ（モデル）

Republic of Lithuania　リトアニア共和国

リトアニア

ロシア
ラトビア
リトアニア
ポーランド

（比率 3:5）

国の歴史・概要

森と湖に囲まれたカトリック信仰の国。

バルト三国の最も南の国。第二次世界大戦後はソ連に占領され、連邦構成国になったが、1991年に独立を果たした。16世紀頃からカトリックが浸透し、大聖堂などが観光名所として残る。寒冷な気候もあって、バスケットボールが人気でFIBAランキング世界8位（2019年10月）。

国旗の由来 黄色は太陽と繁栄、緑は希望と森林、赤は勇気と愛国心を表す。ロシア帝国から独立した1918〜40年の旗と同じだが、2004年に比率を3:5に変更。

このスポーツ選手がすごい！

アルヴィーダス・サボニス（バスケットボール）

ヨーロッパバスケ史上に残る名センター。1988年のソウル五輪ではソ連代表としてアメリカを破り金メダル。アメリカにドリームチーム結成を決意させた。冷戦終結後はNBAでも活躍した。

DATA

建国年：1991年 国旗の制定年：2004年 面積：6万5,000平方キロメートル（東北地方よりやや狭い）人口：281万人（2018年）首都：ビリニュス 言語：リトアニア語 宗教：主にカトリック 国家元首：ギターナス・ナウセーダ大統領 通貨：ユーロ 在留邦人数：82人（2017年）在日リトアニア人数：643人（2016年）日本との国交樹立年：1991年 時差：-7時間

■近代五輪メダル数

大会	夏	冬
金	6	0
銀	7	0
銅	13	0
合計	26	0

出場18回（夏9回／冬9回）

Principality of Liechtenstein　　リヒテンシュタイン公国

リヒテンシュタイン

（比率 3:5）

国 の 歴 史・概 要

人口より企業が多いアルプスの小国。

オーストリアとスイスの間に位置する世界で6番目に小さい国。南北25km、東西10km。精密機器やチョコレートなどが有名だが、中でも芸術性あふれる切手が世界的な人気を誇る。租税回避地としても知られ、人口よりも企業の数が多い。スイスからの越境通勤者も少なくない。

国旗の由来 1982年にデザインを修正。青は空、赤は暖炉の火を表す。1936年ベルリン五輪でハイチの国旗と同一であることが混乱を招いたため、冠を加えた。

このスポーツ選手がすごい！

ティナ・ワイラター（スキー選手）

平昌五輪の女子スーパー大回転で銅メダルを獲得。母は同国に4つの五輪メダルをもたらしたハンニ・ウェンツェル。父・ハーティ・ワイラターも世界選手権で優勝経験があるスキー一族。

DATA

建国年:1866年 国旗の制定年:1982年 面積:160平方キロメートル（小豆島とほぼ同じ）人口:3万8,114人（2017年）首都:ファドーツ 言語:ドイツ語 民族:主にゲルマン民族（外国人約34％）宗教:カトリック（約79.9％）、プロテスタント（約8.5％）、イスラム教（約5.4％）国家元首:ハンス＝アダム2世公爵 通貨:スイス・フラン 在留邦人数:16人（2017年）在日リヒテンシュタイン人数:8人（2018年）日本との国交樹立年:1996年 時差:-8時間

■近代五輪メダル数

大会	夏	冬
金	0	2
銀	0	2
銅	0	6
合計	0	10

出場36回（夏17回／冬19回）

主な有名人 マリオ・フリック（サッカー選手）　ヨーゼフ・ラインベルガー（作曲家）

IOCコード：ROU

Romania ルーマニア

ルーマニア

ウクライナ
ルーマニア
ブルガリア

（比率 2:3）

国の歴史・概要

東欧の穀物庫にしてスポーツ大国。

ヨーロッパの南東、ドナウ川の北に位置する。第二次世界大戦後は社会主義化していたが、1989年にルーマニア革命が起こり、民主化。トウモロコシや小麦の生産が盛ん。体操やボート、フェンシングなどの強国として知られ、夏季五輪のメダル数は世界14位（2016年）。

国旗の由来 青は澄んだ空、黄色は鉱物、赤は国民の勇気を表す。社会主義時代には中央に紋章が配されていたが、革命旗は紋章がくり貫かれたものだった。

このスポーツ選手がすごい！

ナディア・コマネチ（体操）

1976年のモントリオール五輪で14歳にして5個のメダル（うち金3個）を獲得した「白い妖精」。同大会では平均台と段違い平行棒で近代五輪初の10点満点を叩き出した。体操界の伝説。

DATA

建国年：1878年 国旗の制定年：1989年 面積：23万8,000平方キロメートル（本州とほぼ同じ）人口：1,976万人（2016年）首都：ブカレスト 言語：ルーマニア語（公用語）、ハンガリー語 民族：ルーマニア人（83.5%）、ハンガリー人（6.1%）他 宗教：ルーマニア正教、カトリック 国家元首：クラウス・ヨハニス大統領 通貨：レイ 在留邦人数：318人（2019年）在日ルーマニア人数：2,318人（2018年）日本との国交樹立年：1917年 時差：-7時間

■近代五輪メダル数

大会	夏	冬
金	89	0
銀	95	0
銅	123	1
合計	307	1

出場42回（夏21回／冬21回）

主な有名人 ヴラド・ツェペシュ（ワラキア公国君主・ドラキュラのモデル） ミルチャ・エリアーデ（作家）

Grand Duchy of Luxembourg　　ルクセンブルク大公国

ルクセンブルク

（比率 3:5）

//////// **国の歴史・概要** ////////

金融と企業誘致で富を得る西欧の小国。

ベルギー、フランス、ドイツの間にある小国。古くは田園と鉄鋼業で知られたが、1970年代以降、金融部門に力を入れ、世界屈指の金融都市に。近年は安い税金で外国の巨大企業を迎えており、IT分野の発達が目覚ましい。1人当たりのGDPは世界最高の11,3万ドル（2018年IMF）。

国旗の由来 1830年のベルギー独立革命に由来する三色旗。オランダと似たデザインだが、ルクセンブルク旗の方が下が明るい水色。

このスポーツ選手がすごい！

アンディ・シュレク（自転車競技）

2010年のツール・ド・フランスを制したロードレーサー。ハイスピードのクライムを武器に山岳コースで真価を発揮。2008 〜 2010年の新人賞。2011年も総合2位の実力を見せた。

DATA

建国年：1867年 国旗の制定年：1972年 面積：2,586平方キロメートル（佐賀県とほぼ同じ）人口：61万3,894人（2019年）首都：ルクセンブルク 言語：ルクセンブルク語、フランス語、ドイツ語 宗教：国民の大多数がカトリック 国家元首：アンリ大公 通貨：ユーロ 在留邦人数：673人（2019年）在日ルクセンブルク人数：46人（2018年）日本との国交樹立年：1927年 時差：-8時間

■近代五輪メダル数

大会	夏	冬
金	1	0
銀	1	2
銅	0	0
合計	2	2

出場33回（夏24回／冬9回）

主な有名人 ボブ・ユンゲルス（自転車選手）　ジェルソン・ロドリゲス（サッカー選手）

Russian Federation　　　　ロシア連邦

ロシア

ロシア

中国　日本

（比率 2:3）

///////// 国の歴史・概要 /////////

世界一の面積を誇る雪と農業の大国。

ソビエト連邦を経て、1991年にロシア連邦に。世界3位の原油生産国で世界最大の小麦輸出国でもある。スポーツも盛んだが、近年は国家的なドーピングが指摘されており、2018年の平昌五輪では出場資格停止。ロシア人選手はOAR（ロシアからの五輪選手）として出場した。

国旗の由来 モスクワ大公国時代の1705年に制定された旗がソ連崩壊で復活。白は高貴と率直さ、青は名誉と純粋、赤は勇気と寛大を表す。

このスポーツ選手がすごい！

マリア・シャラポワ（テニス）

21世紀初頭の女子テニス界を牽引。2004年に17歳でウィンブルドンを制すると、2006年に全米OP、2008年に全豪OP、2012年に全仏OPを制し、女子史上10人目のグランドスラムを達成。

DATA

建国年:1991年 国旗の制定年:1993年 面積:1,710万平方キロメートル（日本の約45倍）人口:1億4,680万人（2017年）首都:モスクワ 言語:ロシア語 民族:ロシア人（80%）、その他100以上の非スラブ民族が存在 宗教:ロシア正教、イスラム教、仏教、ユダヤ教など 国家元首:ウラジーミル・プーチン大統領 通貨:ルーブル 在留邦人数:2,696人（2017年）在日ロシア人数:8,987人（2018年）日本との国交樹立年:1853年 時差:-6時間（モスクワ）

■ 近代五輪メダル数

大会	夏	冬
金	149	47
銀	139	38
銅	166	35
合計	453	120

出場15回（夏9回／冬6回）

主な有名人 ピョートル・チャイコフスキー（作曲家）　アリーナ・ザギトワ（フィギュアスケート選手）

近代五輪の歴史

　スポーツの祭典と呼ばれ、全世界から200カ国以上が参加する五輪。2020年には日本で56年ぶりの夏季五輪開催となる東京大会が予定されているが（冬季五輪も含めると1998年長野大会以来、22年ぶり）その歴史は1896年からと非常に古い。

　記念すべき第1回大会の開催地は五輪発祥の地とされるギリシャ・アテネ。なお、冬季五輪の第1回大会は1924年に行われたフランス・シャモニー大会である。

　以降、戦争による開催中止などもありながら、4年に一度のペースで行われており、夏季五輪は東京大会で32回（そのうち3大会が中止）、冬季五輪は2018年平昌五輪までで23回（そのうち2大会が中止）行われている。

　黎明期は五輪の「アマチュア精神」を象徴するような大会運営が目立ったが、五輪の歴史における大きな転換点となったのが1984年のロサンゼルス五輪。この大会で開会式の派手な演出やショービジネス化が一気に加速し、スポンサー料の高騰などもあって最終的に2億1500万ドルもの黒字を計上した。

　以降、五輪のショー化は年々加速。大会予算も回を重ねるごとに膨らみ続け、東京五輪での総予算は実に3兆円に及ぶとも言われている。

　予算の肥大化は五輪のアマチュア精神に反するという批判が残る一方で、世界的イベントへと成長した現在、五輪の持つ影響力は他のスポーツ大会と比較しても破格。ただ、それが結果として経済的に豊かな国、いわゆる先進国での開催しか、事実上不可能になってしまっているという皮肉な結果も招いている。

ヨーロッパのスポーツ

　経済的にも安定した国が多いため、五輪を含めた主要スポーツ大会の開催数は世界でも群を抜く。夏季五輪のメダル獲得数をみても2位のロシア（ソビエト時代も含む）を筆頭にイギリス、フランス、ドイツ、イタリアなどが上位に並ぶ。

　各国に世界トップレベルのリーグを擁するサッカーなどの球技も盛んだが、日米で人気の高い野球については「マイナースポーツ」の域を出ていないのが現状。その一方で、自転車競技や陸上・中距離など、日本ではあまりなじみのない競技が高い人気を誇る。

　また、冬季五輪では通算メダル獲得数1位のノルウェーや4位のオーストリアなどが強さを示しており、ウインタースポーツでも世界を牽引している。

　東京五輪の次、2024年にはフランス・パリでの夏季五輪が開催されるが、欧州開催の大きな課題となっているのがテロ対策だ。近年はパリ、ロンドンなどで大規模なテロが起こっており、その対策は必須。

　ただし、警備費に莫大な予算を割く必要があるため、欧州での五輪開催そのものに反発の声があるのも事実だ。パリ五輪以外にも今後は2023年にフランスでラグビー W杯、ハンガリーで世界陸上の開催が予定されているだけに、「テロとの戦い」も大きな注目ポイントになる。

■ヨーロッパ大陸で行われた主要スポーツ国際大会

夏季五輪	16回
冬季五輪	14回
サッカー W杯	11回
世界陸上	11回
ラグビー W杯	4回

※2019年終了時点で開催された大会が対象

OCEANIA

オセアニア

南半球、太平洋に位置するオーストラリア、ニュージーランドなどのポリネシア、ニューギニア、ミクロネシア全体の総称。かつてはオーストラリアのアボリジニに代表される先住民族が暮らしていたが、16世紀初頭にヨーロッパ人が来航。ほとんどの国が植民地時代を経験している。海に囲まれた島国が多く、他大陸と地続きではないため、独自の生態系が発達している。

オーストラリア

パプアニューギニア
インドネシア
オーストラリア

（比率1:2）

国の歴史・概要

18世紀末から開拓された南半球の大陸。

1770年にイギリスの探検家であるジェームス・クックが東海岸に上陸し、イギリスの領有を宣言。18世紀末に入植がはじまり、19世紀にはゴールドラッシュに沸いた。6州の植民地が連邦になり、1901年に事実上独立。現在はイギリスから完全独立し、多民族共生路線を歩む。

国旗の由来 左上にルーツであるイギリス国旗。左下の七角星は6州＋1準州（北部準州）を示す。右側は南十字星。原型は連邦成立時に公募で決定した。

このスポーツ選手がすごい！

イアン・ソープ（競泳）

オーストラリア人最多の9個の五輪メダルを獲得した競泳界のスター。2004年のアテネ五輪では100m（銅）、200m（金）、400m（金）の自由形で個人メダルを獲得し、圧倒的な速さを見せた。

DATA

建国年：1901年 国旗の制定年：1954年 面積：769.2万平方キロメートル（日本の約20倍）人口：2,499万人（2018年）首都：キャンベラ 言語：英語 民族：アングロサクソン系等欧州系が中心。その他に中東系、アジア系、先住民など 宗教：キリスト教（52%）、無宗教（30%）国家元首：エリザベス二世女王（英国女王兼オーストラリア女王）通貨：オーストラリアドル 在留邦人数：9万7,223人（2017年）在日オーストラリア人数：1万386人（2018年）日本との国交樹立年：1869年 時差：+1時間

■近代五輪メダル数

大会		夏	冬
金		147	5
銀		163	5
銅		187	5
合計		497	15

出場45回（夏26回／冬19回）

Republic of Kiribati キリバス共和国

キリバス

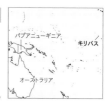

（比率 1:2）

国の歴史・概要

海面上昇で沈み行く消滅危機国家。

オーストラリアの北東に位置する大小33の環礁からなる島国。平均海抜はわずか2m。近年は海面上昇の問題を抱え、一説には2050年には国土の8割が消失するといわれている。主要産業は農業や漁業。日本漁船の乗組員として、遠洋漁業に従事するキリバス人も多い。

国旗の由来 太陽は日の出の意匠。かつては最も早く日付が変わる国だった（現在はサモア）。鳥は軍艦鳥。青波と白線は太平洋に浮かぶ3つの主要諸島を表す。

このスポーツ選手がすごい！

デイヴィッド・カトアタウ（重量挙げ）

2008年北京五輪から3大会連続出場を果たしているキリバスの英雄。リオ五輪ではコミカルなダンスで注目を集めたが、キリバスの知名度向上と海面問題の解決を願ったパフォーマンスである。

DATA

建国年：1979年 国旗の制定年：1979年 面積：730平方キロメートル（対馬とほぼ同じ）人口：約11万6,000人（2018年）首都：タラワ 言語：キリバス語、英語 民族：ミクロネシア系（98％）、その他ポリネシア系、欧州人 宗教：キリスト教 国家元首：ターネス・マーマウ大統領 通貨：オーストラリアドル 在留邦人数：12人（2017年）在日キリバス人数：24人（2018年）日本との国交樹立年：1979年 時差：+3時間

近代五輪メダル数

大会	夏季	冬
金	0	0
銀	0	0
銅	0	0
合計	0	0

出場4回（夏季4回／冬0回）

主な有名人 アノテ・トン（元大統領） ケンタロウ・オノ（日本キリバス協会代表理事）

Guam　　　　　　　　　　　　　　　　　　　　　グアム

グアム

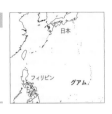

（比率 22:41）

国の歴史・概要

南国リゾートとして知られる観光地。

1565年にスペインが領有を宣言。その後、アメリカの植民地となり、第二次世界大戦中に一時は日本が占領した。1950年に自治権を持つアメリカ準州に。1970年代から温暖な気候と美しいビーチを売りにした観光開発が始まり、2018年には約155万人が訪れるリゾート地になった。

国旗の由来　赤の縁はスペインの統治に抗った原住民・チャモロ人の血。マリンブルーは海と空。中央には観光地である「恋人岬」が描かれている。

このスポーツ選手がすごい！

リカルド・ブラス・ジュニア（柔道）

2008年の北京、2012年のロンドン五輪に出場。183cm218kgの体格（2012年時点）で、五輪史上最重量の参加選手。「リトル・マウンテン」と呼ばれた。2012年は1回戦で一本勝ちを収めた。

DATA

国旗の制定年：1948年 面積：549平方キロメートル（淡路島とほぼ同じ）人口：16万人（2010年）首都：ハガッニャ 言語：英語、チャモロ語 民族：チャモロ人（47%）、フィリピン系（25%）、その他（10%）宗教：主にキリスト教（カトリック）政体：自治領 通貨：アメリカドル 在留邦人数：3,353人（2019年）時差：+1時間

■近代五輪メダル数

大会	夏	冬
金	0	0
銀	0	0
銅	0	0
合計	0	0

出場9回（夏季8回／冬1回）

Cook Islands　　　　　　　　クック諸島

クック諸島

サモア
フィジー
クック諸島
ニュージーランド

（比率 1:2）

国の歴史・概要

ニュージーランドとともに歩む島々。

ニュージーランドの北東約3,000kmにある島国。1773年にクックが上陸し、イギリス保護領を経て、ニュージーランド属領に。1965年に独立したが、防衛や外交の一部をニュージーランドに委ねており、自由連合の形態。国民はニュージーランドの市民権を持つ。国連非加盟国。

国旗の由来 左上にイギリス国旗、右側に国土の主要15島を表現した五角星を配置。輪の形になった星々は15島の平等と統一を表している。

このスポーツ選手がすごい！

ケビン・イロ（ラグビー）

クック諸島にルーツを持つラグビー選手。1980〜90年代に13人制ラグビー（リーグラグビー）のニュージーランド代表の中心選手として活躍。現役晩年はクック諸島代表でもプレーした。

DATA

建国年：1965年 国旗の制定年：1979年 面積：約237平方キロメートル（鹿児島県徳之島とほぼ同じ）人口：1万8,600人（2018年）首都：アバルア（ラロトンガ島）言語：クック諸島マオリ語、英語 民族：ポリネシア系（クック諸島マオリ族／81%）、混血ポリネシア系（15.4%）宗教：キリスト教クック諸島教会派（69%）、カトリック（15%）ほか 国家元首：エリザベス二世女王（英国女王兼クック諸島女王）通貨：ニュージーランドドル、クックアイランドドル（硬貨）在留邦人数：6人（2017年）日本との国交樹立年：2011年 時差：-19時間

■近代五輪メダル数

大会	夏	冬
金	0	0
銀	0	0
銅	0	0
合計	0	0

出場8回（夏季8回／冬0回）

主な有名人 カウラカ・カウラカ（作家）　トム・マースターズ（女王名代）

Independent State of Samoa サモア独立国

サモア

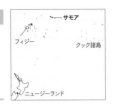

←サモア
フィジー　クック諸島
ニュージーランド

（比率1:2）

国の歴史・概要

ポリネシア文化を色濃く残す9つの島。

南太平洋・サモア諸島の島国。ドイツ領、ニュージーランド領などを経て、1962年に独立。かつては「西サモア」と呼ばれていた。議会制だが、ポリネシア文化のマタイ（首長）制度が残っており、村落共同体を形成している。ニュージーランドなど海外に移住するサモア人も多い。

国旗の由来　南十字星の白い星は国民忠誠の純潔を、青は海と愛国心、自由を、赤は国民の忠誠と勇気を表す。星の数は1949年に4つから5つに変更された。

このスポーツ選手がすごい！

エレ・オポロゲ（重量挙げ）

サモア唯一の五輪メダルをもたらした女子重量挙げ選手。2008年の北京五輪で銀メダルを獲得した。サモア人特有のパワーみなぎる体格（175cm124kg）を武器に75kg超級で活躍した。

DATA

建国年：1965年 国旗の制定年：1979年 面積：2,830平方キロメートル（東京都の約1.3倍）人口：約20万人（2018年）首都：アピア 言語：サモア語、英語 民族：ポリネシア系サモア人（90%）、その他（欧州系混血、メラネシア系、中国系、欧州系等）宗教：キリスト教（カトリック、メソジスト、モルモン教等）国家元首：トゥイマレアリイファノ・ヴァアレトア・スアラウヴィ二世殿下 通貨：サモア・タラ 在留邦人数：86人（2017年）在日サモア独立国人数：73人（2018年）日本との国交樹立年：1973年 時差：+4時間

■近代五輪メダル数

大会	夏	冬
金	0	0
銀	1	0
銅	0	0
合計	1	0

出場9回（夏冬9回／冬0回）

主な有名人 ラファエレ・ティモシー（ラグビー選手）　南海龍太郎（大相撲力士）

IOCコード：SOL

Solomon Islands　　　　ソロモン諸島

ソロモン諸島

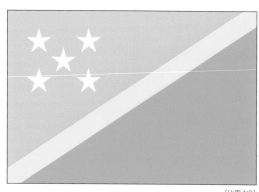

（比率 1:2）

国の歴史・概要

第二次世界大戦で激戦地になった島々。

大小1000余りの火山島、サンゴ島からなる島国。第二次世界大戦中は日本が占領し、ガダルカナル島が激戦地になった。島々の多くが熱帯雨林に覆われ、木材、パーム油などの生産が盛ん。最南端のレンネル島東部は世界最大のサンゴ島として世界遺産に登録されている。

国旗の由来〉青は海と空、黄色は太陽と砂浜、緑は肥沃な大地と植物を表す。5つの星はソロモン諸島独立時の5地区を示している。

このスポーツ選手がすごい！

マイカー・リーアラファ（サッカー）

FIFAクラブワールドカップ常連のニュージーランドの強豪・オークランドシティでプレーしたFW。フットサルの代表選手でもあり、フットサルワールドカップに2度出場している。

DATA

建国年:1978年 国旗の制定年:1977年 面積:2万8,900平方キロメートル（岩手県の約2倍）人口:約65万人（2018年）首都:ホニアラ 言語:英語（公用語）、ピジン英語（共通語）民族:メラネシア系（約94％）、その他ポリネシア系、ミクロネシア系、ヨーロッパ系、中国系 宗教:キリスト教（95％以上）国家元首:エリザベス二世女王 通貨:ソロモンドル 在留邦人数:108人（2017年）在日ソロモン人数:42人（2018年）日本との国交樹立年:1978年 時差:+2時間

近代五輪メダル数

大会	夏	冬
金	0	0
銀	0	0
銅	0	0
合計	0	0

出場9回（夏9回／冬0回）

主な有名人 シャージー（歌手）　ベンジャミン・トトリ（サッカー選手）

113

ツバル

国の歴史・概要

地球温暖化問題の象徴であるミニ国家。

オーストラリア北東のエリス諸島の9つの島からなる国家。独立国としては世界で3番目に人口が少ない。陸地はサンゴ礁の上にあり、平均海抜は2m。海面上昇で最も早く沈む国といわれており、地球温暖化問題の象徴になっている。主な収入は入漁権収入や海外からの援助。

国旗の由来 左上にイギリス国旗。星は9つの島。1995年には地球温暖化問題に冷淡なイギリスに抗議するため、一時的に国旗を変更したこともある。

（比率 1：2）

DATA

建国年:1978年 国旗の制定年:1997年 面積:25.9平方キロメートル（東京都品川区とほぼ同じ）人口:1万1,000人（2018年）首都:フナフティ 言語:英語、ツバル語 民族:ポリネシア系（若干ミクロネシア系が混合）宗教:主にキリスト教（プロテスタント）、ほとんどの国民がツバル教会に属する 国家元首:エリザベス二世女王 通貨:オーストラリアドル 在留邦人数:1人（2017年）在日ツバル人数:3人（2018年）日本との国交樹立年:1978年 時差:+3時間

このスポーツ選手がすごい！

エティモニ・ティムアニ（サッカー、陸上）

元ツバル代表のサッカー選手ながら、2016年リオ五輪の陸上・100m走に出場（11秒81を記録）。スポーツ万能の英雄として知られ、国内ではラグビーやバドミントンのチームにも所属した。

■近代五輪メダル数

大会	夏	冬
金	0	0
銀	0	0
銅	0	0
合計	0	0

出場3回（夏3回／冬0回）

Kingdom of Tonga トンガ王国

トンガ

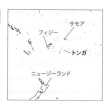

サモア
フィジー
←トンガ
ニュージーランド

（比率 1:2）

国の歴史・概要

日本との親交が深い誇り高き王国。

紀元前からポリネシア文化の中心地として栄えた島国。10世紀に王朝が成立。1900年にイギリス保護領になるが、友好的な関係であり、独立まで統治権を失わなかった。前々国王のトゥポウ四世は親日家として知られ、力士やラグビー留学生を日本に送り、両国の友好関係を築いた。

国旗の由来 白は純潔、赤はキリストの血、赤十字はキリスト教国家であることを示す。トンガでは19世紀に支配者層がキリスト教に改宗している。

このスポーツ選手がすごい！

ピタ・タウファトファ（テコンドー、クロスカントリー）

2016年リオ五輪にはテコンドーで、2018年平昌五輪ではクロスカントリーで夏冬五輪に連続出場。開会式では2大会とも同国の旗手を務めた。また、カヌー選手として世界選手権にも出場している。

DATA

建国年：1970年 国旗の制定年：1875年 面積：720平方キロメートル（対馬とほぼ同じ）人口：10万3,000人（2018年）首都：ヌクアロファ 言語：トンガ語、英語（ともに公用語）民族：ポリネシア系（若干ミクロネシア系が混合）宗教：キリスト教（カトリック、モルモン教など）国家元首：国王トゥポウ六世 通貨：パアンガ 在留邦人数：69人（2017年）在日トンガ人数：146人（2018年）日本との国交樹立年：1970年 時差：+4時間

■近代五輪メダル数

大会	夏	冬
金	0	0
銀	1	0
銅	0	0
合計	1	0

出場12回（夏季9回／冬3回）

主な有名人 ファレ・シミタイトコ（プロレスラー） 小フニ龍リニアシ（ラグビー選手）

ナウル

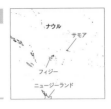

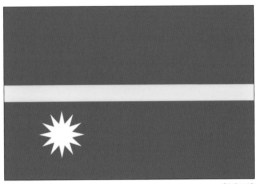

（比率 1:2）

国の歴史・概要

かつては世界一裕福と言われた鉱業国。

オーストラリア北東に浮かぶ小島。かつてはリン鉱石が豊富で、資源産業で大いに栄え、1980年代には世界一の国民所得を誇った。国民の9割が年金で生活し、労働は外国人に任せていたが、1990年代には資源がほぼ枯渇し、経済破綻。現在は難民を受け入れ、代わりに国際援助を得ている。

国旗の由来 青は太平洋。黄色の線は赤道を意味する。十二角星はナウルの位置を示し、先住の12の部族を表す。

このスポーツ選手がすごい！

マーカス・スティーブン（重量挙げ）

1990 ～ 2000年代にイギリス連邦の国々が集うコモンウェルスゲームで金3個、銀3個のメダルを獲得。五輪出場3回。引退後は政治家になり、2007 ～ 11年には大統領を務めた。

DATA

建国年：1968年 国旗の制定年：1968年 面積：21.1平方キロメートル（東京都品川区とほぼ同じ）人口：1万3,000人（2018年）首都：ヤレン 言語：英語（公用語）、ナウル語 民族：ミクロネシア系 宗教：主にキリスト教 国家元首：ライノル・ローウェン・エニミア大統領 通貨：オーストラリアドル 在留邦人数：0人（2017年）在日ナウル人数：2人（2018年）日本との国交樹立年：1968年 時差：+3時間

■近代五輪メダル数

大会	夏	冬
金	0	0
銀	0	0
銅	0	0
合計	0	0

出場6回（夏6回／冬0回）

New Zealand ニュージーランド

ニュージーランド

ASIA

EUROPE

OCEANIA

AFRICA

AMERICA

（比率 1:2）

///////////// **国の歴史・概要** /////////////

風光明媚な自然と多文化主義が交わる。

オセアニアで2番目の経済規模を誇る。マオリ人が先住していた地で、イギリスの自治植民地を経て、1907年に自治領になり、1947年に独立。移民が多く、多文化主義を採る。畜産、酪農、観光などが主要産業。大自然の宝庫であり、映画ロケ地としても名高い。ラグビー強国。

国旗の由来 歴史的な関係からイギリス国旗を左上に配する。右の4つの星は南十字星。赤はマオリ人の伝統色であり、星の色も赤になっている。

このスポーツ選手がすごい！

マヘ・ドライスデール（ボート）

2012年のロンドン、2016年のリオのシングルスカル（1人乗り）で五輪連覇を果たしたボート界の帝王。40歳を迎えてもパワー、スタミナに衰えは見えず、東京五輪でも優勝候補の一人。

DATA

建国年: 1947年 国旗の制定年: 1902年 面積: 27万534平方キロメートル（日本の約4分の3）人口: 495万人（2019年）首都: ウェリントン 言語: 英語、マオリ語、手話 民族: 欧州系（74%）、マオリ系（14.9%）、アジア系（11.8%）、太平洋島嶼国系（7.4%）など 宗教: キリスト教（47%）、無宗教（41.9%）国家元首: エリザベス二世女王 通貨: ニュージーランドドル 在留邦人数: 1万9,664人（2017年）在日ニュージーランド人数: 3,317人（2018年）日本との国交樹立年: 1952年 時差: +3時間

■近代五輪メダル数

大会	夏	冬
金	46	0
銀	27	1
銅	44	2
合計	117	3

出場40回（夏23回／冬17回）

主な有名人 ピーター・ジャクソン（映画監督） リーチ マイケル（ラグビー 選手）

バヌアツ

（比率 3:5）

国の歴史・概要

観光と環境に注力する後発開発途上国。

1980年に英仏共同統治から独立。自給自足がベースだが、2000年代から観光立国を目指しており、スキューバダイビングなどで有名。2015年には巨大サイクロンで甚大な被害を被った。環境問題への関心が高く、2018年には世界で初めて、国としてプラスチックストローを禁止した。

国旗の由来〉黒は国民であるメラネシア人、赤は豚と人間の血、緑は国土の自然、黄色の線は太陽とキリスト教の象徴。左の印は豚の牙とナメレ（原生シダ）。

このスポーツ選手がすごい！

リンリン・マツアウツ＆ミラー・パタ（ビーチバレー）
女子ビーチバレーで世界と戦う気鋭のペア。2015年には世界ランキング1位のブラジルから勝利を収めるなど、五輪出場まであと一歩まで迫った。国際大会参加への資金捻出も課題。

DATA

建国年：1980年 国旗の制定年：1980年 面積：1万2,190平方キロメートル（新潟県とほぼ同じ） 人口：29万3,000人（2018年）首都：ポートビラ 言語：ビスラマ語（ピジン英語）、英語、フランス語（いずれも公用語）民族：メラネシア系（93%）、その他中国系、ベトナム系、英仏人 宗教：主にキリスト教 国家元首：オベッド・モーゼス・タリス大統領 通貨：バツ 在留邦人数：82人（2017年）在日バヌアツ人数：15人（2018年）日本との国交樹立年：1980年 時差：+2時間

■近代五輪メダル数

大会		夏	冬
金		0	0
銀		0	0
銅		0	0
合計		0	0

出場8回（夏8回／冬0回）

Independent State of Papua New Guinea パプアニューギニア独立国

パプア
ニューギニア

（比率 3:4）

国の歴史・概要

手つかずの自然が残る地球最後の秘境。

ニューギニア島の東半分と周囲の島からなる。オセアニア3位の経済規模を誇り、南太平洋島嶼国のリーダー格。インドネシアと国境を接することからASEANにもオブザーバーとして参加している。奥地には大自然と数千の部族が残っており、「地球最後の秘境」ともいわれる。

国旗の由来 パプアニューギニアの伝統色である赤と黒がベース。星は南十字星、鳥は極楽鳥。同国はバードウォッチングの聖地としても知られる。

このスポーツ選手がすごい！

ウィル・ゲニア（ラグビー）

スーパーラグビー・レッズの中心選手を務めた世界屈指のスクラムハーフ。2019年のワールドカップでもオーストラリア代表の主力として活躍。大会後、近鉄ライナーズ加入が決まっている。

DATA

建国年:1975年 国旗の制定年:1971年 面積:46万平方キロメートル（日本の約1.25倍）人口:861万人（2018年）首都:ポートモレスビー 言語:英語（公用語）の他、ピジン英語、モツ語など 民族:メラネシア系 宗教:主にキリスト教。祖先崇拝など伝統的信仰も根強い 国家元首:エリザベス二世女王 通貨:キナ及びトヤ（キナの100分の1）在留邦人数:182人（2017年）在日パプアニューギニア人数:71人（2018年）日本との国交樹立年:1975年 時差:+1時間

■近代五輪メダル数

大会	夏	冬
金	0	0
銀	0	0
銅	0	0
合計	0	0

出場10回（夏10回/冬0回）

ASIA
EUROPE
OCEANIA
AFRICA
AMERICA

Republic of Palau　　　　　　　　　　　　　パラオ共和国

パラオ

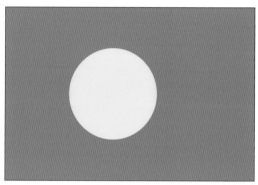

（比率 5:8）

DATA

建国年：1994年 国旗の制定年：1981年　面積：488平方キロメートル（屋久島とほぼ同じ）　人口：1万7,907人（2018年）首都：マルキョク 言語：パラオ語、英語 民族：ミクロネシア系 宗教：キリスト教 国家元首：トミー・レメンゲサウ大統領 通貨：アメリカドル 在留邦人数：350人（2017年）在日パラオ人数：34人（2018年）日本との国交樹立年：1994年 時差：0時間

国 の 歴 史 ・ 概 要

日本と良好な関係を築いた南洋の楽園。

第一次世界大戦後に南洋諸島の一部として日本の委任統治領になった島。日本統治時代に日本語教育が施された影響で日本文化が色濃く残っており、日系人も多い。リゾート地として人気が高く、日本企業や台湾企業がリゾートホテルなどを経営している。

国旗の由来 海と空を表した空色の地に黄色の満月が描かれる。日の丸を模倣したという説があるが、真意は定かでない。

このスポーツ選手がすごい！

ロッドマン・テルトゥル（陸上）

2012年のロンドン五輪、2016年のリオ五輪に出場。リオ五輪では男子100mで予備予選を勝ち抜き、予選に進出した。100mの自己ベストは10秒52。南洋島嶼国のスピードスター。

■近代五輪メダル数

大会	夏	冬
金	0	0
銀	0	0
銅	0	0
合計	0	0

出場5回（夏5回／冬0回）

Republic of Fiji　　　　　　フィジー共和国

フィジー

（比率 1:2）

国の歴史・概要

砂糖、水、リゾートで栄える群島国家。

19世紀にイギリスの植民地となり、砂糖の生産が進められた群島国家。労働力としてインド人を移民させたため、インド系の住民も多い。近年ではミネラルウォーターも主要輸出品になっている。ラグビー強国でもあり、2016年のリオ五輪では7人制ラグビーで金メダルを獲得した。

国旗の由来 ライオンはイギリスの象徴でカカオの実を持つ。十字の左上はサトウキビ、右上はココナッツの木、左下はオリーブの枝と鳩、右下はバナナ。

このスポーツ選手がすごい！

レオネ・ナカラワ（ラグビー）

リオ五輪の7人制ラグビー金メダリスト。15人制でも3大会連続でワールドカップに出場している。198cmの長身でボールの扱いにも長ける。機動力自慢のフィジーを支える名ロック。

DATA

建国年：1970年 国旗の制定年：1970年 面積：1万8,270平方キロメートル（四国とほぼ同じ）人口：89万人（2017年）首都：スバ 言語：英語（公用語）の他、フィジー語、ヒンディー語 民族：フィジー系（57%）、インド系（38%）、その他（5%）宗教：キリスト教（52.9%）、ヒンドゥ教（38.2%）、イスラム教（7.8%）国家元首：ジオジ・コンロテ大統領 通貨：フィジードル 在留邦人数：492人（2017年）在日フィジー人数：275人（2018年）日本との国交樹立年：1970年 時差：+3時間

■近代五輪メダル数

大会	夏	冬
金	1	0
銀	0	0
銅	0	0
合計	1	0

出場17回（夏14回／冬3回）

American Samoa　　　　　米領サモア

米領サモア

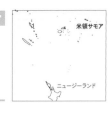

米領サモア

ニュージーランド

（比率 10:19）

国の歴史・概要

米国との関わりが深い南太平洋の要所。

3000年以上の歴史を持つポリネシアの島々。1899年にアメリカ領になり、現在はアメリカ準州。第二次世界大戦では海軍の要所になった。アメリカ文化の影響もあり、南太平洋では珍しくアメフトが盛ん。ハワイへの移住者も多く、アメリカ本土で活躍するスポーツ選手も多数。

国旗の由来〉青、白、赤はアメリカ国旗とサモアの伝統色の融合。白頭鷲はアメリカの国鳥。サモア伝統の棍棒「ウアトギ」と杖「フエ」を握っている。

DATA

国旗の制定年：1960年 面積：199平方キロメートル（石垣島よりやや小さい）人口：約5万5,000人（2018年）首都：パゴパゴ 言語：サモア語、英語、トンガ語ほか 民族：ポリネシア系サモア人（89%）、ポリネシア系トンガ人（5%）、白人（2%）宗教：主にキリスト教 通貨：アメリカドル 時差：-20時間

このスポーツ選手がすごい！

武蔵丸光洋（大相撲）

ハワイ出身の印象が強いが、生まれはアメリカ領サモア。6歳でハワイに移住した。200kgを超える重量とアメフト仕込みの突き押しで1999年に横綱に昇進。55場所連続勝ち越しは歴代1位。

■ 近代五輪メダル数

大会	夏	冬
金	0	0
銀	0	0
銅	0	0
合計	0	0

出場9回（夏8回／冬1回）

主な有名人 ジュニア・セアウ（アメリカンフットボール選手）　マイティ・モー（総合格闘家）

IOCコード：MHL

ASIA
EUROPE
OCEANIA
AFRICA
AMERICA

マーシャル諸島

マーシャル諸島
ソロモン諸島
フィジー

(比率 10:19)

国の歴史・概要

南太平洋に浮かぶ美しい真珠の首飾り。

ドイツ領、日本領、アメリカ領を経て独立。29の
サンゴでできた環礁と5つの島で構成されてお
り、その美しさから「真珠の首飾り」とも呼ばれる。
米領時代の1940～50年代にはビキニ環礁など
で67回もの核実験が行われたことでも有名。現
在もアメリカとの結びつきが強い。

国旗の由来　青は太平洋、白は平和、オレンジ色は勇気
を表す。白の星は24角で国内の地域の数と同じ。ま
た星の上下左右を伸ばし、十字架を表している。

このスポーツ選手がすごい！

マスリン・サッサー（重量挙げ）

女子58kg級のウェイトリフティング選手。2015年
にパシフィックゲームズ（南太平洋諸国）で3位に
入賞。リオ五輪では11位に入った。1996年生まれ
で今後の活躍が期待されている。

DATA

建国年：1986年 国旗の制定年：1979
年 面積：180平方キロメートル（霞ヶ
浦とほぼ同じ）人口：5万8,413人
（2018年）首都：マジュロ 言語：マー
シャル語、英語 民族：ミクロネシア
系 宗教：キリスト教（主にプロテス
タント）国家元首：ヒルダ・ハイネ大
統領 通貨：アメリカドル 在留邦人
数：57人（2017年）在日マーシャル
人数：16人（2018年）日本との国交
樹立年：1988年 時差：+3時間

■近代五輪メダル数

大会	夏	冬
金	0	0
銀	0	0
銅	0	0
合計	0	0

出場3回（夏3回／冬0回）

主な有名人　ヘイリー・ネムラ（陸上選手）　キャシー・ジェトニル＝キジナー（環境活動家）

Federated States of Micronesia ミクロネシア連邦

ミクロネシア

（比率 10:19）

国の歴史・概要

マグロやビンロウが有名な多文化連邦。

スペイン、ドイツ、日本、アメリカ領を転々とした
ミクロネシア6州のうち、パラオとマーシャル諸島
を除く4州が連邦になって独立。マグロやカツオ、
ビンロウなどが主要輸出品。ポンペイ島にある人
工島群遺跡「ナンマトル」は謎が多く、世界中の
SFファンから愛されている。

国旗の由来 青は太平洋と自由、白星は平和を示し、
ヤップ州、チューク州、ポンペイ州、コスラエ州の4
州の象徴。

このスポーツ選手がすごい！

マヌエル・ミンギンフェル（重量挙げ）

男子62kg級で1999年からサウスパシフィック
ゲームズ3連覇を達成したミクロネシアの怪力王。
2000年から4大会連続で五輪出場。2006年には
世界選手権で4位に入賞している。

DATA

建国年:1986年 国旗の制定年:1978
年 面積:700平方キロメートル（奄
美大島とほぼ同じ）人口:11万2,640
人（2018年）首都:パリキール 言語:
英語の他、現地の8言語 民族:ミク
ロネシア系 宗教:キリスト教 国家
元首:ディビッド・パニュエロ大統領
通貨:アメリカドル 在留邦人数:104
人（2017年）在日ミクロネシア人
数:46人（2018年）日本との国交樹
立年:1988年 時差:+2時間

■近代五輪メダル数

大会	夏	冬
金	0	0
銀	0	0
銅	0	0
合計	0	0

出場5回（夏5回／冬0回）

日本スポーツ界と五輪

日本と五輪の歴史は古く、夏季五輪の初参加は1912年のストックホルム大会。冬季五輪は1928年のサンモリッツ大会まで遡る。

1920年アントワープ大会では男子テニスの熊谷一弥と柏尾誠一郎が日本人初のメダル（銀メダル）を獲得。1928年アムステルダム大会では男子陸上・三段跳の織田幹雄と男子競泳・200m平泳ぎの鶴田義行が初の金メダルを手にしている。以降、2018年平昌五輪まで、夏冬合わせて日本は五輪で497個のメダルを獲得。2020年東京五輪では通算500個目のメダル獲得がほぼ確実な状況だ。

大会別にみると、金メダルの獲得数は1964年東京大会、2004年アテネ大会の16個、メダル総数は2016年リオデジャネイロ大会の41個が最多記録。東京大会ではこれらの数字を大きく上回るメダル数が期待されている。

競技別にみると、「お家芸」と呼ばれる柔道が39個の金メダルを誇り、近年復活を見せた体操が金メダルこそ31個と柔道に及ばないものの、メダル総数で98個と最多を記録。その他、レスリング、競泳などが続く。

初の金メダルを期待されているのが、プロチームで挑む野球（※公開競技だった1984年ロサンゼルス五輪では金メダルを獲得している）、伊藤美誠、石川佳純、張本智和らを擁する卓球、大坂なおみ、錦織圭の出場が期待されるテニス、松山英樹のゴルフなど。

五輪においてプロとアマチュアがボーダーレス化してきたことに伴い、世界で活躍する日本人アスリートの多くが五輪に参加するようになった。彼らが日本の五輪史に、新たな歴史を刻む日は、そう遠くない。

オセアニアのスポーツ

オセアニアのスポーツを語るうえで避けて通れないのがラグビーだ。世界一、二を争う強豪でもあるオールブラックスことニュージーランド、ワラビーズことオーストラリアはもちろん、サモアやフィジーといった人口の少ない小国でも、ラグビーに関しては世界トップレベルの実力を持つ。

実際に2019年に日本で開催されたW杯では参加20カ国中、5カ国がオセアニア地区と、人口比や国の数を考えると驚異的な数字が見て取れる。

その他の競技も含め、オセアニアのスポーツ界を牽引しているのがオーストラリア。夏季五輪での通算メダル獲得数は8位。特に国民的英雄であるイアン・ソープを筆頭に競泳での実績が目覚ましく、陸上や自転車、ボート、セーリングでも多くのメダルを獲得している。

また、「オセアニア」に区分されながら、サッカーでは特例的に「アジア」にカテゴライズされている。これは競技人口の少なさやオセアニア内の他国とのレベル差が理由だが、こういったケースは世界的にも稀有な例だ。

これもまた、オーストラリアがオセアニア内で「一歩抜きんでている」ことを証明しているといえる。

■ オセアニアで行われた主要スポーツ国際大会

夏季五輪	2回
冬季五輪	0回
サッカーW杯	0回
世界陸上	0回
ラグビーW杯	3回

※2019年終了時点で開催された大会が対象

AFRICA

アフリカ

ユーラシア大陸とはスエズ地峡で
地続きだが、それ以外はインド洋、
大西洋、地中海に囲まれている。
北部はサハラ砂漠と呼ばれる乾燥
地帯で、赤道付近には広大な熱帯
雨林が広がり、豊富な自然が今な
お残る。経済的に恵まれていない
国、内戦や紛争地帯も多いが、都
市部では近代化が進んでいる。ゴ
リラやチンパンジーなどの生息地
でもあり、「人類発祥の地」と考え
られている。

People's Democratic Republic of Algeria　アルジェリア民主人民共和国

アルジェリア

（比率 2:3）

国の歴史・概要

フランスから独立したイスラム教国家。

独立戦争を経て、1962年にフランスから独立。南部の大部分がサハラ砂漠でほとんどの国民が地中海側で生活している。建国時は社会主義体制であったが、近年は支配層への反発も強く、民主化要求のデモが続いている。天然ガスや石油などの資源が豊富。フランスへの移民も多い。

国旗の由来　白は純潔、緑はイスラム教を象徴する。三日月と星はイスラム教のシンボル。赤は独立戦争によって流された血、自由を表している。

このスポーツ選手がすごい！

タウフィク・マフルーフィ（陸上）

中距離強国のアルジェリアで近年、力を発揮している。2012年ロンドン五輪では男子1500mで金、2016年リオ五輪では800m、1500mで銀。2019年世界陸上でも1500mで銀メダルを獲得した。

DATA

建国年：1962年 国旗の制定年：1962年 面積：238万平方キロメートル（日本の約6.3倍）人口：4,220万人（2018年）首都：アルジェ 言語：アラビア語、ベルベル語（ともに公用語）、フランス語（国民の間で広く用いられている）民族：アラブ人（80％）、ベルベル人（19％）、その他（1％）宗教：イスラム教（スンニ派）国家元首：アブデルカデル・ベンサラ国家元首 通貨：アルジェリアン・ディナール 在留邦人数：89人（2017年）在日アルジェリア人数：229人（2018年）日本との国交樹立年：1962年 時差：-8時間

■近代五輪メダル数

大会	夏	冬
金	5	0
銀	4	0
銅	8	0
合計	17	0

出場16回（夏13回／冬3回）

アンゴラ共和国

アンゴラ

コンゴ
民主共和国
大西洋 アンゴラ
ナミビア

（比率 2:3）

ASIA

EUROPE

OCEANIA

AFRICA

AMERICA

////// 国の歴史・概要 //////

内戦終結で潜在能力を発揮する資源国。

1975年にポルトガルから独立したものの、長き間、東西冷戦の代理戦争ともいわれるアンゴラ内戦に突入。しかし、2002年に内戦が終結し、政治情勢は安定に推移。ダイヤモンドや石油の産出国として知られ、経済成長を遂げているが、貧富の格差や産業の多様化など課題も多い。

国旗の由来 黒はアフリカ大陸、赤は独立戦争で流された血、黄色は豊かな資源を表す。歯車、鉈、星は旧ソビエトの国旗をイメージした社会主義の象徴。

このスポーツ選手がすごい！

ブルーノ・フェルナンド（バスケット）

アフリカ屈指のバスケ大国であるアンゴラの若いホープ。2019年のNBAドラフトでアンゴラ人初の指名（アトランタ・ホークス2巡目）を勝ち取った。アンゴラバスケ界の期待を背負う。

DATA

建国年：1975年 国旗の制定年：1975年 面積：124万7,000平方キロメートル（日本の約3.3倍）人口：2,881万人（2016年）首都：ルアンダ 言語：ポルトガル語（公用語）、ウンブンドゥ語など 民族：オヴィンブンドゥ族（約40％）、キンブンドゥ族（約25％）、バコンゴ族（約15％）など 宗教：在来宗教（約50％）、カトリック（約40％）、プロテスタント（約15％）など 国家元首：ジョアン・ロウレンソ大統領 通貨：クワンザ 在留邦人数：35人（2018年）在日アンゴラ人数：49人（2017年）日本との国交樹立年：1976年 時差：-8時間

■近代五輪メダル数

大会	夏	冬
金	0	0
銀	0	0
銅	0	0
合計	0	0

出場9回（夏9回／冬0回）

主な有名人 ネイデ・ヴァン＝ドゥーネン（歌手）　ペペテラ（小説家）

129

Republic of Uganda　　　　　　　　ウガンダ共和国

ウガンダ

コンゴ
民主共和国　　　ケニア
　　　　　ウガンダ

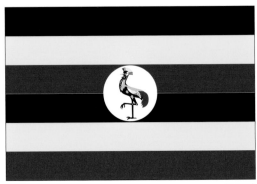

（比率 2:3）

国の歴史・概要

湖の恵みを受ける「アフリカの真珠」。

高原に位置する内陸国でヴィクトリア湖をはじめ、国土の20%が湖。1962年にイギリスから独立。クーデターが繰り返されてきたが、近年は政情も安定。バナナやコーヒーの生産地として知られ、原生林にはマウンテンゴリラが生息。美しい自然は「アフリカの真珠」と称される。

国旗の由来 黒はアフリカ人、黄色は太陽、赤はアフリカ諸国との兄弟愛を表す。中央には国鳥のカンムリヅルを配している。

このスポーツ選手がすごい！

ハリマー・ナカアイ（陸上）

1994年生まれ。成長著しいニューヒロイン。リオ五輪では800mで準決勝敗退に終わったが、順調にタイムを縮め、2019年の世界陸上では金メダルを獲得。上がり調子で東京五輪に臨む。

DATA

建国年：1962年 国旗の制定年：1962年 面積：24万1,000平方キロメートル（本州とほぼ同じ）人口：4,286万人（2017年）首都：カンパラ 言語：英語、スワヒリ語、ルガンダ語 民族：バガンダ族、ランゴ族、アチョリ族など 宗教：キリスト教（60%）、伝統宗教（30%）、イスラム教（10%）国家元首：ヨウェリ・カグタ・ムセベニ大統領 通貨：ウガンダ・シリング 在留邦人数：311人（2017年）在日ウガンダ人数：609人（2017年）日本との国交樹立年：1962年 時差：-6時間

■近代五輪メダル数

大会	夏	冬
金	2	0
銀	3	0
銅	2	0
合計	7	0

出場15回（夏15回／冬0回）

Arab Republic of Egypt エジプト・アラブ共和国

エジプト

（比率 2:3）

地中海
リビア　エジプト　サウジアラビア

国の歴史・概要

アフリカとアラブを結ぶ文化の交差点。

ナイル川の恵みによって、古くはエジプト文明が栄え、ローマ帝国やイスラム王朝、オスマン帝国が領土に収めた地。アラビア半島と地続きで地中海と紅海を繋ぐスエズ運河もあり、多様な文化が交差する。経済開発が続いており、カイロの東に新首都を建設中である。

国旗の由来 赤は革命、白は未来、黒は暗い過去を表す。中央は「サラディンのワシ」。3色はオスマン帝国からの自立を目指した汎アラブ主義の象徴。

このスポーツ選手がすごい！

モハメド・サラー（サッカー）

エジプトの生きる伝説。2017年6月にリヴァプールFCに移籍すると、シーズン32ゴールを叩き出し、英プレミアリーグの新記録を樹立。快足と正確な左足でゴールを量産する世界的FW。

DATA

建国年：1922年 国旗の制定年：1984年 面積：100万平方キロメートル（日本の約2.7倍）人口：9,842万人（2018年）首都：カイロ 言語：アラビア語、都市部では英語も通用 民族：主にアラブ人（その他、少数のヌビア人、アルメニア人、ギリシャ人など）宗教：イスラム教、キリスト教（コプト派）国家元首：アブドゥルファッターハ・エルシーシ大統領 通貨：エジプト・ポンド、ピアストル 在留邦人数：963人（2016年）在日エジプト人数：1,800人（2017年）日本との国交樹立年：1952年 時差：-7時間

■近代五輪メダル数

大会	夏	冬
金	7	0
銀	10	0
銅	14	0
合計	31	0

出場23回（夏22回／冬1回）

主な有名人 大砂嵐金太郎（元大相撲力士） フィフィ（タレント）

エスワティニ

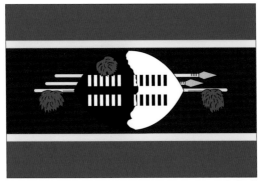

（比率 2:3）

国の歴史・概要

南アフリカ関税同盟の恩恵を得る王国。

1968年にイギリスから独立。国王が大きな権限を持つ。国土のほとんどが高地にあり、国民の多くが農業や畜産で生計を立てる。南部アフリカ関税同盟に加入しており、南アフリカの経済に大きく依存している。2018年に国名をスワジランド王国からエスワティニ王国に変更した。

国旗の由来〉白人と黒人の共存を表す白黒の盾に2本の槍、王の杖と天人鳥の羽根を中央に配する。青は平和、黄色は資源、赤は過去の闘争を表す。

このスポーツ選手がすごい！

シブシソ・マツェンジワ（陸上）

スポーツ後進国のエスワティニで孤軍奮闘する陸上選手。200mが得意距離。2012年のロンドン五輪、2016年のリオ五輪では予選敗退したが、いずれも国内新記録をマークし、大一番で輝いている。

DATA

建国年：1968年 国旗の制定年：1967年 面積：1万7,000平方キロメートル（四国よりやや小さい）人口：136万人（2017年）首都：ムババーネ 言語：英語、スワティ語 民族：スワティ族、ズールー族、ツォンガ族、シャンガーン族 宗教：伝統宗教、キリスト教 国家元首：ムスワティ三世 通貨：リランゲーニ（複数形：エマランゲーニ）在留邦人数：14人（2017年）在日エスワティニ人数：6人（2018年）日本との国交樹立年：1968年 時差：-7時間

■近代五輪メダル数

大会	夏	冬
金	0	0
銀	0	0
銅	0	0
合計	0	0

出場11回（夏10回／冬1回）

IOCコード：ETH

Federal Democratic Republic of Ethiopia エチオピア連邦民主共和国

エチオピア

エリトリア　イエメン

エチオピア

ケニア

（比率 1:2）

国の歴史・概要

アフリカ独立の象徴となった農業国。

12世紀にエチオピア帝国が成立。第二次世界大戦でイタリアに占領された5年間を除き、独立を守り、アフリカ最古の独立国といわれる。1億人を超える人口を誇るが、産業は農業が中心。自給率が上がらず、たびたび飢饉に見舞われている。コーヒー、ゴマの生産国として有名。

国旗の由来 ▷ 緑は大地、黄色は希望、赤は自由と平等を表す。中央の星は古代イスラエルの「ソロモンの星」。緑黄赤の3色はアフリカ独立の象徴になっている。

このスポーツ選手がすごい！

アベベ・ビキラ（陸上）

高原に位置するエチオピアは伝統的に長距離走が強い。なかでも伝説的なのはアベベ。1960年ローマ五輪、1964年東京五輪のマラソン競技で史上初の2連覇を達成し、アフリカの英雄になった。

DATA

建国年：1137年頃 国旗の制定年：2009年 面積：109万7,000平方キロメートル（日本の約3倍）人口：1億922万人（2018年）首都：アディスアベバ 言語：アムハラ語、オロモ語、英語など 民族：オロモ族、アムハラ族、ティグライ族など約80の民族 宗教：キリスト教、イスラム教など 国家元首：サヘレウォルク・ゼウデ大統領 通貨：ブル 在留邦人数：204人（2018年）在日エチオピア人数：455人（2018年）日本との国交樹立年：1955年 時差：-6時間

■近代五輪メダル数

大会	夏	冬
金	22	0
銀	11	0
銅	21	0
合計	54	0

出場15回（夏13回／冬2回）

主な有名人 レリサ・デシサ（陸上選手） アビー・アハメド（首相／2019年ノーベル平和賞）　　133

State of Eritrea　　　エリトリア国

エリトリア

（比率 1:2）

国の歴史・概要

起伏の激しい国土で自転車競技が人気。

約30年の戦争を経て、1993年にエチオピアから独立。その後も紛争状態が続いたが、2018年7月に両国が戦争終結を宣言した。しかし、イエメンやジブチとも領土紛争を抱えており、国内は疲弊している。海岸や高原など、国土は高低差が激しく、自転車のロードレースが人気。

国旗の由来 緑は肥沃な国土、赤は独立闘争で流された血、青は海を表す。左にオリーブが配されており、外周の葉の数は独立戦争の年数を示す。

このスポーツ選手がすごい！

ダニエル・テクレハイマノ（自転車）

自転車新興国のエリトリアを引っ張る代表的選手。2015年のツール・ド・フランスでは、6〜9ステージで山岳賞トップに躍り出た。母国の高原で鍛えた体力を武器に力を発揮するクライマー。

DATA

建国年：1993年 国旗の制定年：1995年 面積：11万7,600平方キロメートル（北海道と九州の合計とほぼ同じ）人口：550万人（2017年）首都：アスマラ 言語：ティグリニャ語、アラビア語、諸民族語 民族：ティグライ族、アファール族など9民族 宗教：キリスト教、イスラム教など 国家元首：イサイアス・アフォルキ大統領 通貨：ナクファ 在留邦人数：2人（2019年）在日エリトリア人数：50人（2018年）日本との国交樹立年：1993年 時差：-6時間

■近代五輪メダル数

大会	夏	冬
金	0	0
銀	0	0
銅	1	0
合計	1	0

出場6回（夏5回／冬1回）

Republic of Ghana　　　　ガーナ共和国

ガーナ

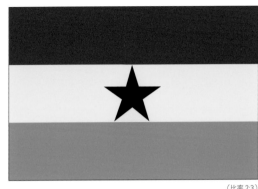

（比率 2:3）

/////// **国の歴史・概要** ///////

石油で発展を遂げる西アフリカの雄。

1957年にイギリスから独立。カカオ、金の産地として有名。1990年代からは経済が停滞していたが、2010年に石油の商業生産をはじめ、経済成長を見せている。近年はサッカーが盛んで、2010年のFIFAワールドカップではベスト8に進出し、アフリカ勢の意地を見せ付けた。

国旗の由来 赤は独立闘争で流された血、黄色は鉱物資源、緑は森林と農地を表す。黒い星はアフリカの自由と統一を表現している。

このスポーツ選手がすごい！

アズマー・ネルソン（ボクシング）

1980～90年代にWBC世界フェザー級、スーパーフェザー級の2階級王座に就いたアフリカの至宝。圧倒的なパワー、堅実なテクニック、ストイックな姿勢でガーナのボクシング人気を牽引した。

DATA

建国年：1957年 国旗の制定年：1966年 面積：23万8,537平方キロメートル（日本の約3分の2）人口：約2,976万人（2017年）首都：アクラ 言語：英語（公用語）、各民族語 民族：アカン族、ガ族、エベ族、ダゴンバ族、マンプルシ族など 宗教：キリスト教（70％）、イスラム教（17％）、その他伝統的宗教など 国家元首：ナナ・アド・ダンクワ・アクフォ＝アド大統領 通貨：ガーナセディ 在留邦人数：361人（2017年）在日ガーナ人数：2,305人（2018年）日本との国交樹立年：1957年 時差：-9時間

■近代五輪メダル数

大会	夏	冬
金	0	0
銀	1	0
銅	3	0
合計	4	0

出場16回（夏14回／冬2回）

主な有名人 コフィー・アナン（元国連事務総長）　クワメ・エンクルマ（初代大統領）

Republic of Cabo Verde　　　　　カーボベルデ共和国

カーボベルデ

カーボベルデ

セネガル

ガンビア

大西洋

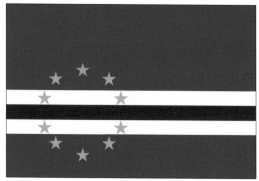

（比率 10:17）

国の歴史・概要

大西洋の中継地点として栄えた島国。

西アフリカから約375kmの大西洋上にある火山島群。15世紀にポルトガル人が開拓し、その後、奴隷貿易の中継港や商業港として栄えた。しかし、降雨が少ないことから食糧事情が悪く、19世紀から国外移民が増加。アメリカには数十万人規模のコミュニティが存在する。

国旗の由来 青は大西洋の海と空、白は平和、赤は国民の努力を表す。10個の星は主要10島を示す。星の輪は平等と統一、横線は国家建設への道。

このスポーツ選手がすごい！

ウォルター・タバレス（バスケット）

NBA初のカーボベルデ出身選手。17歳でスペインのカナリア諸島自治州に渡り、プロとして活躍。2014年のNBAドラフトでアトランタ・ホークスから指名された。身長221cmのビッグマン。

DATA

建国年：1975年 国旗の制定年：1992年 面積：4,033平方キロメートル（滋賀県とほぼ同じ）人口：54万6,000人（2017年）首都：プライア 言語：ポルトガル語（公用語）、クレオール語 民族：ポルトガル人とアフリカ人の混血が約70% 宗教：キリスト教（カトリック）国家元首：ジョルジュ・カルロス・フォンセカ大統領 通貨：カーボベルデ・エスクード 在留邦人数：0人（2017年）在日カーボベルデ人数：6人（2018年）日本との国交樹立年：1975年 時差：-10時間

■近代五輪メダル数

大会	夏	冬
金	0	0
銀	0	0
銅	0	0
合計	0	0

出場6回（夏6回／冬0回）

主な有名人 セザリア・エヴォラ（歌手） ジュリオ・タヴァレス（サッカー選手）

Republic of Gabon　　　　　　　　ガボン共和国

ガボン

（比率 3:4）

国の歴史・概要

森林とサバンナに覆われた大自然の国。

中央アフリカ西岸に位置する国。1960年の独立以降、大きな紛争や内乱がなく、政情は安定している。人口が少なく、石油やマンガンなどの資源もあるため、中進国レベルの国民所得を有する。近年は観光にも注力しており、サバンナや森林、野生動物の保護にも積極的。

国旗の由来 緑は森林、黄色は赤道と太陽、青は海を表す。同国で長年医療に従事したシュヴァイツァー博士の著書『水と原生林のはざまで』がモチーフといわれる。

このスポーツ選手がすごい！

ピエール＝エメリク・オーバメヤン（サッカー）

独・ドルトムント、英・アーセナルなどで活躍する快足FW。フランス生まれだが、父がガボン人で元代表選手のため、自身もガボン代表を選択した。「黒豹」の異名を持つスピードスター。

DATA

建国年：1960年 国旗の制定年：1960年 面積：26万7,667平方キロメートル（日本の約3分の2）人口：212万人（2018年）首都：リーブルビル 言語：フランス語（公用語）民族：ファン族、プヌ族、ミエネ族、テケ族、コタ族 宗教：キリスト教、伝統的宗教、イスラム教 国家元首：アリ・ボンゴ・オンディンバ大統領 通貨：CFAフラン 在留邦人数：73人（2018年）在日ガボン人数：23人（2017年）日本との国交樹立年：1960年 時差：-8時間

■近代五輪メダル数

大会	夏	冬
金	0	0
銀	1	0
銅	0	0
合計	0	0

出場10回（夏10回／冬0回）

主な有名人 アンソニー・オバメ（テコンドー選手）　フレデリック・ビュロ（サッカー選手）

Republic of Cameroon　　　　　　カメルーン共和国

カメルーン

（比率 2:3）

国の歴史・概要

中央アフリカ屈指のサッカー発展国。

第一次世界大戦後に英仏が分割。南東をフランス、北西をイギリスが植民地にしたが、1960年に独立、その後統一。現在も言語が二分されており、旧イギリス領からは独立を求める声も。中部アフリカでは経済的に安定しており、サッカー代表は2000年のシドニー五輪で金メダルを獲得。

国旗の由来〉緑は南部の森林、黄色は北部のサバンナ、中央の赤は東西カメルーンの独立と団結を表す。黄色の星は国の統一。

このスポーツ選手がすごい！

フランソワーズ・ムバンゴ（三段跳び）

女子三段跳びでカメルーンに初の五輪個人競技金メダルをもたらしたヒロイン。2004年アテネ五輪に続き、2008年北京五輪でも出産のブランクを感じさせず、五輪新記録で「ママでも金」を達成。

DATA

建国年：1960年 国旗の制定年：1975年 面積：47万5,440平方キロメートル（日本の約1.3倍）人口：2,521万人（2018年）首都：ヤウンデ 言語：フランス語、英語（ともに公用語）、その他各部族語 民族：バミレケ族、ファン族、ドゥアラ族など約250部族 宗教：カトリック、プロテスタント、イスラム教、自然崇拝など 国家元首：ポール・ビヤ大統領 通貨：CFAフラン 在留邦人数：112人（2017年）在日カメルーン人数：692人（2018年）日本との国交樹立年：1960年 時差：-8時間

■近代五輪メダル数

大会	夏	冬
金	3	0
銀	1	0
銅	2	0
合計	6	0

出場15回（夏14回／冬1回）

主な有名人 サミュエル・エトー（サッカー選手）　パトリック・エムボマ（サッカー選手）

Republic of The Gambia ガンビア共和国

ガンビア

大西洋
セネガル
ガンビア
ギニア

（比率 2:3）

////// **国の歴史・概要** //////

ガンビア川流域のリゾート地。

西アフリカのガンビア川の下流域に位置。大西洋側を除く三方をセネガルに囲まれているが、ガンビアはイギリス領、セネガルはフランス領であったため、大きな軋轢は生じていない。落花生やコメが主要生産品。英語が公用語であることから、欧米ではリゾート地としても人気。

国旗の由来 赤は太陽とサバンナ、周辺諸国との友好、青はガンビア川、緑は森と農業を表す。白線は平和の象徴。

このスポーツ選手がすごい！

ジーナ・バス（陸上）

ガンビア初の五輪メダルが期待される女子スプリンター。2019年のアフリカ競技大会では100mで準優勝、200mで優勝。世界陸上でも200mで6位入賞を果たしている。

DATA

建国年：1965年 国旗の制定年：1965年 面積：1万1,300平方キロメートル（岐阜県とほぼ同じ）人口：210万人（2017年）首都：バンジュール 言語：英語（公用語）、マンディンゴ語、ウォロフ語、フラ語など 民族：マンディンゴ族、フラ族、ウォロフ族、ジョラ族、セラフリ族など 宗教：イスラム教（90％）、キリスト教・伝統宗教（10％）国家元首：アダマ・バロウ大統領 通貨：ダラシ 在留邦人数：3人（2017年）在日ガンビア人数：75人（2018年）日本との国交樹立年：1965年 時差：-9時間

■近代五輪メダル数

大会	夏	冬
金	0	0
銀	0	0
銅	0	0
合計	0	0

出場9回（夏9回／冬0回）

主な有名人 ジェイスマ・サイディ・ンドゥレ（陸上選手） スワイボウ・サネ（陸上選手）　139

Republic of Guinea ギニア共和国

ギニア

セネガル
ギニア
大西洋
コートジボワール

（比率 2:3）

国の歴史・概要

ボーキサイトで発展を遂げた草原の国。

1958年にフランスから独立。当初は社会主義体制だったが、1980年代から自由主義路線に転換し、地域の安定を築いた。特にアルミニウムの原料であるボーキサイトの採掘量は世界4位で経済を支えている。スポーツはサッカーが人気を集めており、アフリカ内でも躍進している。

国旗の由来 汎アフリカ色。赤は労働と独立のために流された血、黄色は正義と資源、緑は農業と団結。「労働・正義・団結」は国の標語でもある。

このスポーツ選手がすごい！

ナビ・ケイタ（サッカー）

ギニアの期待を背負う新星。ドイツで活躍し、2018年にリヴァプールに移籍。移籍金は5275万ポンド（約78.1億円／当時）。ドリブルと守備力が武器のMFでジェラードの背番号8を継いだ。

DATA

建国年：1958年 国旗の制定年：1958年 面積：24万5,857平方キロメートル（本州とほぼ同じ）人口：1,241万人（2018年）首都：コナクリ 言語：フランス語、各民族語 民族：プル族、マリンケ族、スースー族など20余り 宗教：イスラム教、キリスト教、伝統的宗教 国家元首：アルファ・コンデ大統領 通貨：ギニア・フラン 在留邦人数：45人（2017年）在日ギニア人数：424人（2018年）日本との国交樹立年：1958年 時差：-9時間

■近代五輪メダル数

大会	夏	冬
金	0	0
銀	0	0
銅	0	0
合計	0	0

出場11回（夏11回／冬0回）

主な有名人 オスマン・サンコン（タレント）　ママディ・ケイタ（ジャンベ奏者）

Republic of Guinea-Bissau　　　　ギニアビサウ共和国

ギニアビサウ

セネガル
ギニア
ギニアビサウ
大西洋

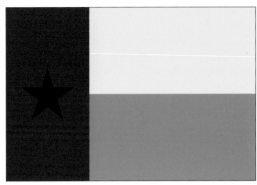

（比率 1:2）

////////// **国 の 歴 史 ・ 概 要** //////////

貧困からの脱却を目指す熱帯気候の国。

苛烈なゲリラ戦の末に1973年にポルトガルから
独立。独立闘争ではカーボベルデとの関係が深
かったが、現地人との対立が深まり、クーデター
が頻発。政情が安定せず、国民の約6割が絶対的
貧困に苦しむ。サッカーが国民の希望で2010年
にプロ化し、急成長を遂げている。

国旗の由来 独立闘争を主導したギニア・カーボベルデ
独立党の旗がベース。赤は闘争で流された血、黄色
は大地、緑は自然、星はアフリカ人の自由を表す。

このスポーツ選手がすごい！

タシアナ・セザール（柔道）

柔道女子48kg級、52kg級で活躍。ブラジル生ま
れだが、24歳のときにギニアビサウ人の父の所在
が判明して帰化。IJFワールドツアーで6大会優勝、
アフリカ選手権3回優勝などの実績を持つ。

DATA

建国年:1973年 国旗の制定年:
1973年 面積:3万6,125平方キロ
メートル（九州とほぼ同じ）人口:
180万人（2016年）首都:ビサウ 言
語:ポルトガル語（公用語）民族:バ
ランタ族、フラ族、マンジャカ族、
パペウ族など 宗教:原始宗教、イス
ラム教、キリスト教 国家元首:ジョ
ゼ・マリオ・ヴァス大統領 通貨:CFA
フラン 在留邦人数:2人（2016年）
在日ギニアビサウ人数:8人（2017
年）時差:-9時間

■近代五輪メダル数

大会	夏	冬
金	0	0
銀	0	0
銅	0	0
合計	0	0

出場6回（夏6回／冬0回）

主な有名人 イズマエル・ゴンサウヴェス（サッカー選手）　ダニーロ・ペレイラ（サッカー選手）　　141

Republic of Kenya ケニア共和国

ケニア

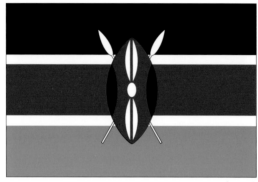

（比率 2:3）

DATA

建国年：1963年 国旗の制定年：1963年 面積：58万3,000平方キロメートル（日本の約1.5倍） 人口：4,970万人（2017年） 首都：ナイロビ 言語：スワヒリ語、英語 民族：キクユ族、ルヒヤ族、カレンジン族、ルオ族 宗教：伝統宗教、キリスト教、イスラム教 国家元首：ウフル・ケニヤッタ大統領 通貨：ケニア・シリング 在留邦人数：728人（2017年） 在日ギニア人数：1,989人（2018年） 日本との国交樹立年：1963年 時差：-6時間

国の歴史・概要

東アフリカの玄関口にして陸上超大国。

インド洋に面する高原サバンナの国。1963年に独立。翌年、英連邦に加盟。産業は農業が中心だが、アフリカでは比較的工業化が進んでおり、紅茶や植物性原料などの生産で経済成長してきた。スポーツも盛んで特に陸上中長距離は十八番。日本にスポーツ留学する選手も多い。

国旗の由来〉黒は国民、赤は独立で流された血、緑は自然と農業、白線は平和を表す。中央の盾と槍は先住民族であるマサイ族のシンボル。

このスポーツ選手がすごい！

エリウド・キプチョゲ（陸上）

リオ五輪のマラソン覇者にして、世界記録保持者。2019年10月には先導車やペースメーカーを入れたイベントレースで非公式ながら1時間59分40秒を記録し、人類初の2時間切りを達成した。

■近代五輪メダル数

大会	夏	冬
金	33	0
銀	39	0
銅	35	0
合計	107	0

出場18回（夏14回／冬4回）

主な有名人 サムエル・ワンジル（マラソン選手） マイケル・オルンガ（サッカー選手）

Republic of Cote d'Ivoire　　コートジボワール共和国

コートジボワール

ギニア

ガーナ

リベリア　**コートジボワール**

大西洋

（比率 2:3）

国の歴史・概要

世界ナンバーワンのカカオ豆輸出国。

1960年にフランスから独立。国名はフランス語で
象牙海岸の意。かつては日本でも「象牙海岸共和
国」と呼ばれていた。1970年代から経済成長を
果たし、「西アフリカの優等生」と評された。日本
では隣国のガーナが有名だが、カカオ豆の世界一
の輸出国はコートジボワールである。

国旗の由来　オレンジは国土北部のサバンナと独立闘
争を戦った若者の血、白は正義と平和、緑は南部の
森林と希望を表す。

このスポーツ選手がすごい！

シェイク・サラ・シセ（テコンドー）

2016年リオ五輪で同国に初の金メダルをもたらし
たテコンドー選手。決勝戦では残り1秒で回し蹴り
を決め、華麗な大逆転勝利を挙げた。長身から繰
り出す回し蹴りと冷静な見切りが魅力。

DATA

建国年：1960年 国旗の制定年：1959
年 面積：32万2,436平方キロメート
ル（日本の約0.9倍）人口：2,507万人
（2018年）首都：ヤムスクロ（実質的
首都機能はアビジャン）言語：フラン
ス語（公用語）、各民族語 民族：ア
カン系、クル系、ボルタ系、マンデ
系に大別され、60以上の民族が存
在 宗教：キリスト教（39.1%）、イス
ラム教（33.7%）、伝統宗教（4.4%）、
その他（0.6%）、無宗教（22.2%）国
家元首：アラサン・ウワタラ大統領
通貨：CFAフラン 在留邦人数：138人
（2017年）在日コートジボワール人
数：147人（2018年）日本との国交
樹立年：1960年 時差：-9時間

■近代五輪メダル数

大会	夏	冬
金	1	0
銀	1	0
銅	1	0
合計	3	0

出場13回（夏13回／冬0回）

主な有名人 ディディエ・ドログバ（サッカー選手）　ヤヤ・トゥーレ（サッカー選手）

Union of Comoros コモロ連合

コモロ

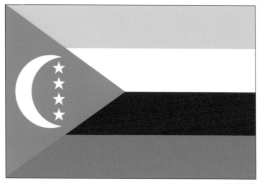

（比率 3:5）

国の歴史・概要

主要3島の団結を目指す香辛料の産地。

1975年に独立。グランコモロ、モヘリ、アンジュマンの3島から成るが、同地区のマイヨット島はフランス領に残留。コモロ共和国はこれを認めず、領有権を主張している。各島の主導権争いが激しく、度重なるクーデターが起こった。クローブやバニラなどの香辛料が有名。

国旗の由来〉黄は太陽、白は自由、赤は独立に捧げた血、青は海を表す。また4色はマイヨット島を含めた4島を表す。三日月と星はイスラム教の象徴。

このスポーツ選手がすごい！

エル・ファルドゥ・ベン・ナブアン（サッカー）

フランス領マイヨット島出身。フランス、ギリシャでキャリアを積んだストライカー。2014年にコモロ代表を選び、2016年のアフリカ選手権予選ではチームを主要国際大会初勝利に導いた。

DATA

建国年：1975年 国旗の制定年：2001年 面積：2,236平方キロメートル（東京都とほぼ同じ／マイヨット島を含む）人口：81万4,000人（2017年）首都：モロニ 言語：フランス語、アラビア語、コモロ語（すべて公用語）民族：バントウ系黒人を主流にアラブ系、マダガスカル系、インド系など 宗教：イスラム教 国家元首：アザリ・アスマニ大統領 通貨：コモロ・フラン 在留邦人数：3人（2018年）在日コモロ人数：2人（2018年）日本との国交樹立年：1977年 時差：-6時間

■近代五輪メダル数

大会	夏	冬
金	0	0
銀	0	0
銅	0	0
合計	0	0

出場6回（夏6回／冬0回）

コンゴ共和国

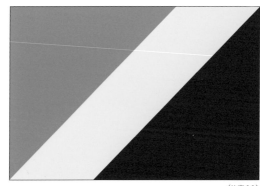

カメルーン
コンゴ民主共和国
コンゴ共和国
大西洋 アンゴラ

（比率 2:3）

国の歴史・概要

東側諸国との結び付きが強い熱帯の国。

フランス領赤道アフリカから1960年に独立。1991年まで社会・共産主義国家であったため、旧ソ連、中国との関係が深い。1970年に石油開発を始め、主要産業に。1990年代に自由主義路線を採用するも与野党の対立が激しく、内戦に発展。2000年代から政情は安定しつつある。

国旗の由来〉1991年に現在の国旗に。汎アフリカ色の3色を斜めに配置。緑は農業と平和、黄色は天然資源と希望、赤は独立を表している。

このスポーツ選手がすごい！

ブライス・サンバ（サッカー）

コンゴ出身、フランス育ちのGK。1994年生まれでキーパーとしては若いが、超人的な反射神経で2018年に仏・SMカーンでスタメンに定着。2019年からは英2部でステップアップを目指す。

DATA

建国年：1960年 国旗の制定年：1991年 面積：34万2,000平方キロメートル（日本の約0.9倍）人口：526万人（2017年）首都：ブラザビル 言語：フランス語（公用語）、リンガラ語、キトゥバ語 民族：コンゴ族、テケ族、ンボチ族、サンガ族など 宗教：キリスト教、イスラム教 国家元首：ドゥニ・サス・ンゲソ大統領 通貨：CFAフラン 在留邦人数：8人（2017年）在日コンゴ共和国人数：23人（2018年）日本との国交樹立年：1960年 時差：-8時間

■近代五輪メダル数

大会	夏	冬
金	0	0
銀	0	0
銅	0	0
合計	0	0

出場12回（夏12回／冬0回）

主な有名人 ソニー・ラブ=タンシ（小説家） エマニュエル・ドンガラ（化学者、小説家）

145

Democratic Republic of the Congo　　コンゴ民主共和国

コンゴ民主共和国

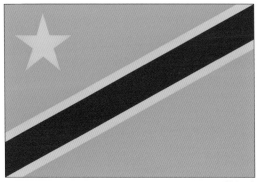

（比率 3:4）

国の歴史・概要

野生動物の宝庫は長く内戦に苦しむ。

旧国名・ザイール共和国。1960年にベルギーから独立したものの、東西冷戦、民族対立などが複雑に絡み合い長期の紛争に。2000年代からは国際協力を進めているが、反政府組織の反乱が続き、国連も度々介入している。コバルトなどの鉱産資源は豊富だが、インフラが未発達。

国旗の由来 青は平和、赤は国家のために流された血、黄色は富を表す。黄色の五角星は国家の明るい未来を示す。

このスポーツ選手がすごい！

ディケンベ・ムトンボ（バスケット）

2015年に殿堂入りを果たした名センター。医者を志し、21歳でアメリカに奨学金で留学。大学で頭角を現し、NBAプレーヤーとなり、4度の最優秀守備選手賞を獲得した。社会貢献活動にも熱心。

DATA

建国年：1960年 国旗の制定年：2006年 面積：234万5,000平方キロメートル（日本の約6倍）人口：8,134万人（2017年）首都：キンシャサ 言語：フランス語（公用語）、キスワヒリ語、リンガラ語、チルバ語、キコンゴ語など 民族：200以上の部族、大部分がバントゥー系 宗教：キリスト教（80%）、イスラム教（10%）、その他伝統宗教（10%）国家元首：フェリックス・アントワン・チセケディ・チロンボ大統領 通貨：コンゴ・フラン 在留邦人数：68人（2017年）在日コンゴ民主共和国人数：437人（2018年）日本との国交樹立年：1960年 時差：-8時間

■近代五輪メダル数

大会	夏	冬
金	0	0
銀	0	0
銅	0	0
合計	0	0

出場10回（夏10回/冬0回）

主な有名人 ビスマック・ビヨンボ（バスケ選手）　ジョン・ムウェテ・ムルアカ（タレント、大学教授）

Democratic Republic of Sao Tome and Principe サントメ・プリンシペ民主共和国

サントメ・プリンシペ

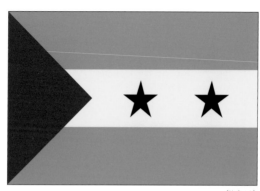

（比率 1:2）

国の歴史・概要

ポルトガルが開拓したギニア湾の島国。

ギニア湾にあるサントメ島とプリンシペ島、周辺の小島で構成される島国。もとは無人島で15世紀からポルトガルが開発。奴隷貿易の中継港、プランテーションの地になった。1975年に独立したものの、輸出品がほぼカカオ豆のみで食糧事情が悪く、国際支援に頼っている。

国旗の由来 2つの星はサントメ島とプリンシペ島を表す。緑は農業、黄色は太陽とカカオ、赤は独立によって流された血。

DATA

建国年：1975年 国旗の制定年：1975年 面積：1,001平方キロメートル（東京都の約半分）人口：20万人（2017年）首都：サントメ 言語：ポルトガル語 民族：バンツー系及びポルトガル人との混血 宗教：キリスト教 国家元首：エヴァリスト・カルヴァリョ大統領 通貨：ドブラ 在留邦人数：0人（2017年）在日サントメ・プリンシペ人数：4人（2018年）時差：-8時間

このスポーツ選手がすごい！

ブリー・トリステ（カヌー）

アフリカを代表するカヌー選手。2016年のリオ五輪ではカナディアン1000mでベスト16に進出。2019年のアフリカ選手権ではペア1000mで金、シングル1000mで銀、200mで銅メダルを獲得。

■近代五輪メダル数

大会	夏	冬
金	0	0
銀	0	0
銅	0	0
合計	0	0

出場6回（夏6回／冬0回）

主な有名人 ナイデ・ゴメス（陸上選手） ジョゼ・ヴィアナ・ダ・モッタ（ピアニスト、作曲家）

Republic of Zambia　　　　　サンビア共和国

ザンビア

（比率 2:3）

国の歴史・概要

南アフリカの平和を支える鉱業国家。

銅の生産が主要産業で1980年代までは社会主義体制であったため、中国との関わりも深い。1980年代後半には銅価格の下落が原因による物価高騰が起こり暴動も発生したが、政情は比較的安定。周辺国に対して中立政策をとっており、南アフリカ地域の和平仲介役を担っている。

国旗の由来 緑は農業と森林、赤は独立闘争、黒は国民、オレンジは銅を表す。右上には国鳥のサンショクウミワシを配している。

このスポーツ選手がすごい！

サミュエル・マテテ（陸上）

1990年代に400mハードルで世界的に活躍。1991年の世界選手権で金メダル、1996年のアトランタ五輪では銀メダルを獲得。47秒10のアフリカ記録は2019年時点で破られていない。

DATA

建国年：1964年 国旗の制定年：1964年 面積：75万2,614平方キロメートル（日本の約2倍）人口：1,735万人（2018年）首都：ルサカ 言語：英語（公用語）、ベンバ語、ニャンジャ語、トンガ語 民族：73部族（トンガ系、ニャンジャ系、ベンバ系、ルンダ系）宗教：8割近くはキリスト教、その他イスラム教、ヒンドゥー教、伝統宗教 国家元首：エドガー・ルング大統領 通貨：ザンビア・クワチャ 在留邦人数：252人（2018年）在日ザンビア人数：134人（2018年）日本との国交樹立年：1964年 時差：-7時間

■近代五輪メダル数

大会	夏	冬
金	0	0
銀	1	0
銅	1	0
合計	2	0

出場13回（夏13回／冬0回）

主な有名人 カバンゲ・ムポポ（陸上選手、サッカー選手）　カルシャ・ブワルヤ（サッカー選手）

Republic of Sierra Leone　シエラレオネ共和国

シエラレオネ

ギニア

シエラレオネ

リベリア

大西洋

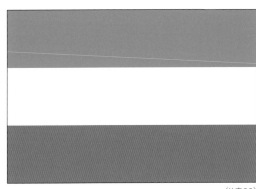

（比率 2:3）

国の歴史・概要

11年の内戦で破壊されたライオンの山。

1961年にイギリスから独立。国名は「ライオンの山」を意味する。農業や鉱業で高い輸出能力を持っていたが、民主化に伴い1991年に反政府武装勢力が蜂起。ダイヤモンドを資金源に一時は首都を制圧されるなど、内戦は11年に及んだ。破壊されたインフラの再整備が第一の課題。

国旗の由来 緑は農業と山々、白は正義と団結、青は大西洋と首都であり、自然の良港として知られるフリータウンの象徴。

このスポーツ選手がすごい！

モハメド・カロン（サッカー）

1994年に15歳でシエラレオネ代表に選出されたシオラレオネの英雄。その後、ヨーロッパに移籍し、インテルやASモナコでプレー。2002年には母国にカロンFCを設立した。

DATA

建国年：1961年 国旗の制定年：1961年 面積：7万1,740平方キロメートル（日本の約5分の1）人口：765万人（2018年）首都：フリータウン 言語：英語（公用語）、クリオ語、メンデ語、テムネ語など 民族：テムネ人、メンデ人、リンパ人、クレオールなど 宗教：イスラム教（60％）、キリスト教（10％）、アニミズム信仰（30％）国家元首：ジュリウス・マーダ・ビオ大統領 通貨：レオン 在留邦人数：22人（2017年）在日シエラレオネ人数：54人（2018年）日本との国交樹立年：1961年 時差：-9時間

■近代五輪メダル数

大会	夏	冬
金	0	0
銀	0	0
銅	0	0
合計	0	0

出場11回（夏11回／冬0回）

主な有名人 ジブリラー・パト・バングラ（陸上選手）　イシメール・ベア（元少年兵）

Republic of Djibouti　　ジブチ共和国

ジブチ

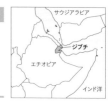

サウジアラビア
ジブチ
エチオピア
インド洋

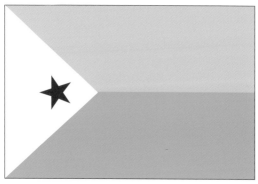

（比率2:3）

国の歴史・概要

紅海の入り口に位置する港と砂漠の国。

紅海の入り口にある港湾国。1977年にフランスから独立して以来、内陸国のエチオピアの玄関口としての役割も果たし、中継貿易で栄える紅海の要衝。近年は中国との関係を深めており、アフリカ初の電化鉄道も開通。中国の海軍基地も存在し、「一帯一路」の西端を担う。

国旗の由来 青はソマリア系イッサ族、緑はエチオピア系アファール族、白は両者の統一と団結を示す。赤い星は独立の象徴。

このスポーツ選手がすごい！

アーメド・サラ（陸上）

1980〜90年代に活躍したマラソン選手。1988年のソウル五輪ではジブチ唯一のメダルを獲得した。世界一暑い国と言われる同国の出身とあって、暑さに非常に強く、40代まで走り続けた鉄人。

DATA

建国年:1977年 国旗の制定年:1977年 面積:2万3,200平方キロメートル（四国の約1.3倍）人口:95万7,000人（2017年）首都:ジブチ 言語:アラビア語、フランス語 民族:ソマリア系イッサ族（50％）、エチオピア系アファール族（37％）宗教:イスラム教（94％）、キリスト教（6％）国家元首:イスマイル・オマール・ゲレ大統領 通貨:ジブチ・フラン 在留邦人数:41人（2017年）在日ジブチ人数:11人（2017年）日本との国交樹立年:1978年 時差:-6時間

近代五輪メダル数

大会	夏	冬
金	0	0
銀	0	0
銅	1	0
合計	1	0

出場8回（夏8回／冬0回）

主な有名人 アヤンレ・スレイマン（陸上選手）　ムーミン・ガラ（陸上選手）

IOCコード：ZIM

ASIA
EUROPE
OCEANIA
AFRICA
AMERICA

Republic of Zimbabwe　　ジンバブエ共和国

ジンバブエ

（比率 1:2）

国の歴史・概要

独立後も政治経済の混乱に苦しむ。

1965年にイギリスから南ローデシアが一方的独立宣言をしたが、白人至上主義を採ったため、反政府組織がゲリラ戦を展開。1980年にジンバブエ共和国が成立した。2000年代には急速な融和政策を行い、史上最悪ともいわれたハイパーインフレーションが発生した。

国旗の由来 緑は農業、黄色は天然資源、赤は独立のために流された血、白は平和を表す。左の鳥はグレート・ジンバブエ遺跡で発掘された彫像。

このスポーツ選手がすごい！

カースティ・コベントリー（競泳）

五輪で7つのメダルを獲得した背泳ぎの女王。2004年のアテネ、2008年の北京の200m背泳ぎで2連覇。100mでも連続で銀。個人メドレーでも3つのメダルを持ち帰ったオールラウンダー。

DATA

建国年：1980年 国旗の制定年：1980年 面積：38万6,000平方キロメートル（日本よりやや大きい）人口：1,444万人（2018年）首都：ハラレ 言語：英語、ショナ語、ンデベレ語 民族：ショナ族、ンデベレ族、白人 宗教：キリスト教、伝統宗教 国家元首：エマソン・ダンブゾ・ムナンガグワ大統領 通貨：ジンバブエ・ドル 在留邦人数：91人（2017年）在日ジンバブエ人数：193人（2018年）日本との国交樹立年：1980年 時差：-7時間

■近代五輪メダル数

大会	夏	冬
金	3	0
銀	4	0
銅	1	0
合計	8	0

出場11回（夏10回／冬1回）

主な有名人 ニック・プライス（ゴルフ選手）　ブラック3兄妹（テニス選手）

151

スーダン

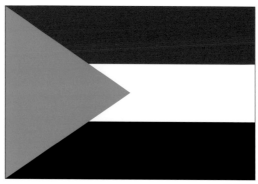

（比率 1:2）

国の歴史・概要

アラブ系と黒人の対立が根深い産油国。

1956年にイギリスとエジプトから独立。産油国でナイル川の恵みで農業も盛んだが、アラブ系とアフリカ系の対立が激しく、独立以降、内戦や紛争が続く。湾岸戦争ではイラクを支持し、1993年にはアメリカからテロ支援国家に指定される。2011年には南スーダン共和国が独立。

国旗の由来〉緑はイスラム教と繁栄、赤は社会主義、独立闘争、白は平和、黒はスーダンの国名（アラビア語で「黒い人」の意）を表す。

このスポーツ選手がすごい！

イスマイル・アハメド・イスマイル（陸上）

1984年生まれ。800mを主戦場にする中距離ランナー。2004年にアテネ五輪で8位に入賞すると、成長を続けて2008年には北京五輪で銀メダル。スーダンに初のメダルをもたらした。

DATA

建国年：1956年 国旗の制定年：1970年 面積：188万平方キロメートル（日本の約5倍）人口：4,053万人（2017年）首都：ハルツーム 言語：アラビア語（公用語）、英語も通用、その他部族語多数 民族：主としてアラブ人、ヌビア人、ヌバ人、フール人、ベジャ人など（200以上の部族が混在）宗教：イスラム教、キリスト教、伝統宗教 国家元首：不在（大統領制）通貨：スーダン・ポンド 在留邦人数：134人（2017年）在日スーダン人数：230人（2017年）日本との国交樹立年：1956年 時差：-7時間

近代五輪メダル数

大会	夏	冬
金	0	0
銀	1	0
銅	0	0
合計	1	0

出場12回（夏12回／冬0回）

主な有名人 アレクサンダー・シディグ（俳優）　アルモエズ・アリ（サッカー選手）

Republic of Seychelles　　　　　セーシェル共和国

セーシェル

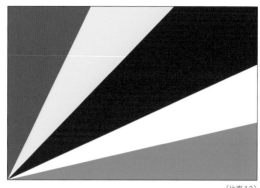

（比率 1:2）

国の歴史・概要

アフリカで一番裕福なバカンスの地。

アフリカ大陸から約1300kmのインド洋上に浮かぶ島国。美しい海とビーチを有し、1970年代から観光開発を始めたため、世界的に有名なリゾート地になっており、英王室のハネムーンの地にも選ばれたこともある。アフリカでは一人当たりの所得が最も高い国のひとつ。

国旗の由来 青は海と空、黄色は太陽、赤は国民と労働、白は正義と調和、緑は国土の自然を表す。珍しい放射状の5色旗。

このスポーツ選手がすごい！

ジョージ・カピードン（バドミントン）

アフリカ屈指のバドミントン大国。なかでもカピードンとジュリエット・アーワンはミックスダブルスでアフリカ1位に登り詰め、2008年北京五輪に出場。同国のバドミントン人気を切り拓いた。

DATA

建国年：1976年 国旗の制定年：1996年 面積：460平方キロメートル（種子島とほぼ同じ）人口：9万6,762人（2018年）首都：ビクトリア（マヘ島）言語：英語、フランス語、クレオール語 民族：クレオール（ヨーロッパ人とアフリカ人の混血）が多数 宗教：キリスト教（約90%）国家元首：ダニー・ロレン・アントワン・フォール 通貨：セーシェル・ルピー 在留邦人数：12人（2018年）在日セーシェル人数：4人（2017年）日本との国交樹立年：1976年 時差：-7時間

■近代五輪メダル数

大会	夏	冬
金	0	0
銀	0	0
銅	0	0
合計	0	0

出場9回（夏9回／冬0回）

主な有名人 オルセン・カミール（バドミントン選手） アブデル・カデル・シラ（バスケット選手）　　153

赤道ギニア

（比率 2:3）

国 の 歴 史 ・ 概 要

産油で成長を遂げたが所得格差が拡大。

1992年に石油開発を開始し、国民の所得はアフリカ大陸でも有数。しかし、貧困層は約70%で貧富の差が激しい。1979年からングマ大統領が長期政権を築いているが、2019年には息子の副大統領がスイス検察にスーパーカー25台を押収されるなど汚職が深刻化。

国旗の由来 緑は農業と自然、白は平和、赤は独立闘争で流された地、青は海を表す。中央には国章を配しており、パンヤの木（神の木）が描かれている。

このスポーツ選手がすごい！

エリック・ムサンバニ（競泳）

2000年のシドニー五輪に出場したが、競技経験がなく、溺れかけながらゴール。しかし、その姿が五輪精神を体現する敗者として多数のスポンサーが付き、4年後には100m57秒を切った。

DATA

建国年：1968年 国旗の制定年：1979年 面積：2万8,051平方キロメートル（四国の約1.5倍）人口：122万人（2016年）首都：マラボ 言語：スペイン語（公用語）、フランス語（第2公用語）、ポルトガル語（第3公用語）、ファン語、ブビ語 民族：ファン族、ブビ族、コンベ族、ベレンゲ族など 宗教：キリスト教（99%）、伝統宗教 国家元首：テオドロ・オビアン・ングマ・ンバソゴ大統領 通貨：CFAフラン 在留邦人数：6人（2017年）在日赤道ギニア人数：1人（2016年）日本との国交樹立年：1980年 時差：-8時間

■近代五輪メダル数

大会	夏	冬
金	0	0
銀	0	0
銅	0	0
合計	0	0

出場9回（夏9回／冬0回）

Republic of Senegal　　　　　　セネガル共和国

セネガル

モーリタニア

セネガル

ギニア

大西洋

ASIA

EUROPE

OCEANIA

AFRICA

AMERICA

（比率 2:3）

国の歴史・概要

独自のセネガル文化が花開いた親仏国。

かつてはフランスの西アフリカの拠点であり、独立後も親仏路線で安定を築いた国。セネガル料理や伝統音楽など、多くの観光資源となる文化を有する。パリ・ダカール・ラリーの終着点であったことでも有名。セネガル相撲のほか、サッカーやバスケットボールも国内で人気。

国旗の由来 緑は農業と希望、黄色は資源と富、赤は独立闘争を表す。中央の星は独立と統一、自由を表すシンボル

DATA

建国年：1960年 国旗の制定年：1960年 面積：19万7,161平方キロメートル（日本の約半分）人口：1,585万人（2018年）首都：ダカール 言語：フランス語（公用語）、ウォロフ語など各民族語 民族：ウォロフ族、プル族、セレール族など 宗教：イスラム教、キリスト教、伝統宗教 国家元首：マッキー・サル大統領 通貨：CFAフラン 在留邦人数：227人（2017年）在日セネガル人数：688人（2018年）日本との国交樹立年：1960年 時差：-9時間

このスポーツ選手がすごい！

ファイ・パプ月瑠（バスケット）
（ムール）

バスケ留学で来日。延岡学園高、関東学院大を経て、国内プロ7球団を渡り歩くベテラン。2015年に日本に帰化。ハードワークと左フックシュートでコートを支える仕事人。

■近代五輪メダル数

大会	夏	冬
金	0	0
銀	1	0
銅	0	0
合計	1	0

出場19回（夏14回／冬5回）

主な有名人 サディオ・マネ（サッカー選手）　エイコン（ミュージシャン）

Federal Republic of Somalia　　ソマリア連邦共和国

ソマリア

（比率 2:3）

国の歴史・概要

国内には未承認の独立国が複数。

通称・アフリカの角に位置する沿岸国。1991年に政権が崩壊して以降、内戦で無政府状態が続き、海賊行為が国際的に大きな問題になっている。国際社会の支援を受け、連邦共和国として国内勢力の再統合を図るが、領土内にはソマリランドなど国際的に未承認の独立国が複数ある。

国旗の由来　国連旗をベースとした青と白の2色旗。中央の星は5つの居住区を示すが、2019年現在、北部はソマリランド、中北部はプントランドが支配する。

このスポーツ選手がすごい！

アブディ・ビレ（陸上）

ソマリア史上、最もメダルに近づいた男。1987年の世界選手権、1989年の大陸選手権では1500mで金メダルを獲得したが、内戦勃発のため1992年のバルセロナ五輪には出場できなかった。

DATA

建国年：1960年 国旗の制定年：1954年 面積：63万8,000平方キロメートル（日本の約1.8倍）人口：1,400万人（2015年）首都：モガディシュ 言語：ソマリ語（公用語）、アラビア語（第二公用語）民族：ソマリ族 宗教：イスラム教 国家元首：モハメド・アブドゥライ・ファルマージョ大統領 通貨：ソマリア・シリング 在留邦人数：5人（2018年）在日ソマリア人数：5人（2013年）日本との国交樹立年：1960年 時差：-6時間

■近代五輪メダル数

大会	夏	冬
金	0	0
銀	0	0
銅	0	0
合計	0	0

出場9回（夏9回/冬0回）

主な有名人 イスラム・フェルス（サッカー選手）　ワリス・ディリー（モデル、人権活動家）

United Republic of Tanzania　タンザニア連合共和国

タンザニア

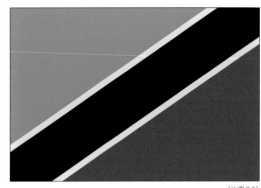

（比率 2:3）

国の歴史・概要

スワヒリ文化の誇りを守る精霊の大地。

1961年にイギリスから独立。冷戦時代は南アフリカなどの白人社会に対する砦を担い、社会主義体制の色合いが濃かった地域。スワヒリ語を国語とし、精霊を模した彫像などのアフリカ美術も栄えた。近年は自由経済となり、金やコーヒー、キリマンジャロの観光に力を入れている。

国旗の由来〉緑は農業、黒は国民、黄色の線は鉱物資源。青は海を表し、同国内の自治区であるザンジバルのシンボル色。

このスポーツ選手がすごい！

ハシーム・サビート（バスケット）

NBA、日本で活躍した身長221cmのビッグマン。2017-18シーズンはBリーグの横浜ビー・コルセアーズに所属し、規格外のサイズから繰り出すブロックショットでB1ブロック王に輝いた。

DATA

建国年：1961年 国旗の制定年：1964年 面積：94万5,000平方キロメートル（日本の約2.6倍）人口：5,632万人（2018年）首都：ドドマ（実質的にはダルエスサラーム）言語：スワヒリ語（国語）、英語（公用語）民族：スクマ族、ニャキューサ族、ハヤ族、チャガ族、ザラモ族など、約130族 宗教：イスラム教（約40％）、キリスト教（約40％）、土着宗教（約20％）国家元首：ジョン・ポンベ・ジョセフ・マグフリ大統領 通貨：タンザニア・シリング 在留邦人数：306人（2017年）在日タンザニア人数：428人（2018年）日本との国交樹立年：1961年 時差：-6時間

■近代五輪メダル数

大会	夏	冬
金	0	0
銀	2	0
銅	0	0
合計	2	0

出場13回（夏13回／冬0回）

主な有名人 フレディ・マーキュリー（歌手）　フィルバート・バイ（陸上選手）

Republic of Chad チャド共和国

チャド

（比率 2:3）

国の歴史・概要

最古の人類が発見された砂漠と湖の国。

北部がサハラ砂漠。南部はサバンナで首都はチャド湖畔に位置する。歴史的に北部の反政府勢力が反乱を繰り返しており、2000年代にも南部に侵攻を試みている。2001年に砂漠地帯で600〜700万年前の霊長類（サヘラントロプス）の化石が発見され、最古の人類との説も浮上している。

国旗の由来 旧宗主国フランスの国旗がベース。青は空と湖、黄色は太陽と大地、赤は進歩を表す。ルーマニア国旗とほぼ同じだが、チャドは青が濃い。

このスポーツ選手がすごい！

ヤフェット・エンドラム（サッカー）

チャドを代表する名選手。1990年代にフランスで活躍し、1994-95シーズンはクロード・マケレレとともにFCナントを優勝に導いた。卓越したパスでスペクタクルなサッカーを展開した司令塔。

DATA

建国年：1960年 国旗の制定年：1959年 面積：128万4,000平方キロメートル（日本の約3.4倍）人口：1,548万人（2018年）首都：ンジャメナ 言語：フランス語、アラビア語（ともに公用語）、部族語130以上 民族：サラ族、チャド・アラブ族、マヨ・ケビ族、カネム・ボルヌ族など 宗教：イスラム教（約52％）、キリスト教（約44％）など 国家元首：イドリス・デビー・イトゥノ大統領 通貨：CFAフラン 在留邦人数：6人（2017年）在日チャド人数：3人（2018年）日本との国交樹立年：1960年 時差：-8時間

■ 近代五輪メダル数

大会	夏	冬
金	0	0
銀	0	0
銅	0	0
合計	0	0

出場12回（夏12回／冬0回）

主な有名人 カシミール・ニンガ（サッカー選手） マハマト＝サレ・ハルーン（映画監督）

Central African Republic　　　　中央アフリカ共和国

中央アフリカ

（比率 2:3）

////////// 国の歴史・概要 //////////

宗教対立から融和へと舵を切る内陸国。

1960年にフランスから独立。キリスト教徒とイスラム教徒の対立が慢性化しており、2013年にはイスラム系反政府武装勢力セレカが首都を制圧した。しかし、国際社会の仲介で停戦・融和へと舵を切っている。金などの産出はあるが、内陸で輸送コストが高く、経済は危機的状況。

国旗の由来 フランス国旗の赤、青、白と汎アフリカ色の赤、黄、緑の融合。青は自由、白は平和、緑は希望、黄は忍耐、赤は血、星は未来を表している。

このスポーツ選手がすごい！

ジョフレイ・コンドグビア（サッカー）

スペインの名門・バレンシアに所属。フランス出身で2015年までは同国代表としてプレーしたが、2018年に自身のルーツでもある中央アフリカ代表に召集。コートジボワール戦でデビューした。

DATA

建国年:1960年 国旗の制定年:1958年 面積:62万3,000平方キロメートル（日本の約1.7倍）人口:467万人（2018年）首都:バンギ 言語:フランス語（公用語）、サンゴ語（公用語、国語）、部族語 民族:バンダ族、バヤ族、サラ族、ヤコマ族、サンゴ族、バカ族、ピグミー族など 宗教:キリスト教、イスラム教、伝統的宗教 国家元首:フォスタン・アルシォンジュ・トゥアデラ大統領 通貨:CFAフラン 在留邦人数:3人（2017年）在日中央アフリカ人数:16人（2018年）日本との国交樹立年:1960年 時差:-8時間

■近代五輪メダル数

大会	夏	冬
金	0	0
銀	0	0
銅	0	0
合計	0	0

出場10回（夏10回／冬0回）

主な有名人 ナタリー・トージア（テニス選手） ロメイン・サト（バスケット選手）

Republic of Tunisia チュニジア共和国

チュニジア

（比率 2:3）

国の歴史・概要

アラブの春を呼んだ地中海の工業国。

フランスから独立以降、ソフトイスラム路線を歩んだが、2010年末から長期政権に対するデモが発生し、ベン・アリ政権が崩壊。民主化運動がアラブ各国に波及した。近年は繊維や自動車部品製造の工業分野が成長を見せている。アフリカ屈指のサッカー、バレーボール強国。

国旗の由来 オスマン帝国の国旗をベースにした三日月と星のイスラム旗。三日月はフェニキア人の女神のシンボルでもある。白丸の縁取りは太陽を表す。

このスポーツ選手がすごい！

ハムザ・ナガ（バレーボール）

チュニジア男子代表を引っ張るエース。強烈なスパイクの持ち主。2019年のワールドカップバレーでは、敗れはしたものの日本やカナダなどを苦しめた。世界的な強国になるためのキーマン。

DATA

建国年：1956年 国旗の制定年：1999年 面積：16万3,610平方キロメートル（日本の約5分の2）人口：1,157万人（2018年）首都：チュニス 言語：アラビア語（公用語）、フランス語（国民の間で広く用いられている）民族：アラブ人（98％）、その他（2％）宗教：イスラム教スンニ派（イスラム教シーア派、ユダヤ教、キリスト教がごく少数）国家元首：カイス・サイード大統領 通貨：チュニジア・ディナール 在留邦人数：133人（2017年）在日チュニジア人数：707人（2017年）日本との国交樹立年：1956年 時差：-8時間

■近代五輪メダル数

大会	夏	冬
金	4	0
銀	2	0
銅	7	0
合計	13	0

出場14回（夏14回／冬0回）

主な有名人 ウサマ・メルーリ（競泳選手） アリ・マールル（サッカー選手）

Republic of Togo トーゴ共和国

トーゴ

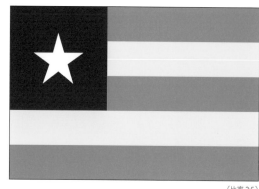

（比率 3:5）

国の歴史・概要

祭り文化で観光客を集める熱帯農業国。

西アフリカのギニア湾に位置する国。約40の民族グループから成り立ち、それぞれに独自の祭りがある。歌や踊り、パレード、格闘技などで大いに盛り上がり、観光収入源になっている。非同盟中立路線を基調とする穏健派として、西アフリカの安定勢力になっている。

国旗の由来 赤、黄、緑の汎アフリカ色。赤は独立闘争で流された血、黄は国民の団結と資源、緑は農業と自然を表す。白い星は平和と独立のシンボル。

このスポーツ選手がすごい！

エマニュエル・アデバヨール（サッカー）

アーセナル、マンチェスター・シティなどヨーロッパの強豪でプレーした屈強なFW。2000年に16歳で代表入りし、2006年にはトーゴを初のワールドカップ出場に導いている。

DATA

建国年：1960年 国旗の制定年：1960年 面積：5万4,390平方キロメートル（九州と四国の合計よりやや小さい）人口：788万人（2018年）首都：ロメ 言語：フランス語（公用語）、エヴェ語、カビエ語など 民族：エヴェ族（約35%）をはじめ、約40のグループからなる 宗教：伝統的宗教（67%）、カトリック（18%）、イスラム教（10%）、プロテスタント（5%）国家元首：フォール・エソジンナ・ニャシンベ大統領 通貨：CFAフラン 在留邦人数：28人（2018年）在日トーゴ人数：39人（2017年）日本との国交樹立年：1960年 時差：-9時間

■近代五輪メダル数

大会	夏	冬
金	0	0
銀	0	0
銅	1	0
合計	1	0

出場12回（夏10回／冬2回）

主な有名人 バンジャマン・ボクペティ（カヌー選手） ムスタファ・サリフ（サッカー選手）

Federal Republic of Nigeria ナイジェリア連邦共和国

ナイジェリア

（比率 1:2）

国の歴史・概要

「アフリカの巨人」と呼ばれる人口。

アフリカ最大、世界7位の人口を有する大国。首都・ラゴスは人口2,000万人を超えるメガシティ。人口過多ゆえに貧富の差が激しいが、ITや製造業の発展も著しく、潜在能力は高い。サッカー強国として知られており、五輪では金銀銅メダルをそれぞれ1回ずつ獲得している。

国旗の由来 緑は農業、白は平和、3分割は北部、東部、西部の3地区の象徴。北部ではイスラム過激派組織が活動しており、政情はやや不安定。

このスポーツ選手がすごい！

ディバイン・オドゥドゥル（陸上）

2019年の全米大学選手権で日本新記録を出したサニブラウン・ハキームを抑え、9秒86のシーズン最高タイを叩き出して優勝した若きスプリンター。東京五輪でのメダルも射程圏内に収める。

DATA

建国年：1960年 国旗の制定年：1960年 面積：92万3,773平方キロメートル（日本の約2.5倍）人口：1億9,587万人（2018年）首都：アブジャ 言語：英語（公用語）、各民族語（ハウサ語、ヨルバ語、イボ語など）民族：ハウサ族、ヨルバ族、イボ族など約250以上の民族と推定 宗教：イスラム教（北部中心）、キリスト教（南部中心）、伝統宗教（全域）国家元首：ムハンマド・ブハリ大統領 通貨：ナイラ 在留邦人数：141人（2017年）在日ナイジェリア人数：2,964人（2018年）日本との国交樹立年：1960年 時差：-8時間

■近代五輪メダル数

大会	夏	冬
金	3	0
銀	9	0
銅	13	0
合計	25	0

出場17回（夏16回／冬1回）

ナミビア

アンゴラ

ナミビア

大西洋

南アフリカ

（比率 2:3）

//////// 国の歴史・概要 ////////

世界最古の砂漠で知られる絶景の宝庫。

南アフリカの北西。第二次世界大戦後、南アフリカに併合されたが、長き独立戦争を経て1990年に独立。世界最古の砂漠といわれるナミブ砂漠、濃霧によって打ち上げられた難破船や動物の骨が散乱する骸骨海岸など、絶景の宝庫といわれる国。南アフリカの影響でラグビーが盛ん。

国旗の由来 ナミビアの政党「南西アフリカ人民機構」の旗が原型。青は空と水、赤は国民、緑は森林と農業、白帯は平和と統一を表している。

このスポーツ選手がすごい！

フランク・フレデリクス（陸上）

1992年に、独立後初の五輪でナミビアの旗手を務めたスプリンター。バルセロナ五輪、アトランタ五輪の100m、200mでそれぞれ銀メダルを獲得。計4個の銀メダルでナミビアを勇気付けた。

DATA

建国年：1990年 国旗の制定年：1990年 面積：82万4,000平方キロメートル（日本の約2.2倍）人口：253.3万人（2017年）首都：ウィントフック 言語：英語（公用語）、アフリカーンス語、ドイツ語、その他部族語 民族：オバンボ族、カバンゴ族、ダマラ族、ヘレロ族、白人など 宗教：キリスト教、伝統宗教 国家元首：ハーゲ・ガインゴブ大統領 通貨：ナミビア・ドル 在留邦人数：54人（2018年）在日ナミビア人数：18人（2018年）日本との国交樹立年：1990年 時差：-7時間

■近代五輪メダル数

大会	夏	冬
金	0	0
銀	4	0
銅	0	0
合計	4	0

出場7回（夏7回／冬0回）

主な有名人 テウンズ・コッツェ（ラグビー選手）　コリン・ベンジャミン（サッカー選手）

Republic of Niger　　　　ニジェール共和国

ニジェール

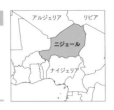

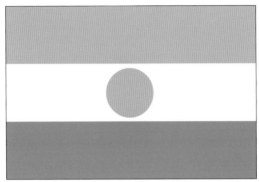

（比率 6:7）

国の歴史・概要

ニジェール川が流れる畜産と鉱業の国。

ナイジェリアの北に位置する内陸国。古くからギニア湾と北アフリカを結ぶルートでソンガイ帝国などが栄えた土地。ウシ、ヒツジ、ヤギ、ラクダの牧畜が盛んだが、国土の5分の4が砂漠で1997年には大規模な飢饉が発生した。ウラン鉱山があり、油田も重要な収入源。

国旗の由来〉オレンジは北部のサハラ砂漠、白は純粋さ、緑はニジェール川が流れる南西部の肥沃な大地円は太陽を表す。

このスポーツ選手がすごい！

アブドゥル・ラザク・イスフ（テコンドー）

2016年のリオ五輪・男子80kg超級で銀メダルを獲得。207cmの長身から堅実なコンビネーションキックを打ち込む。2019年10月時点のWTF世界ランキングは3位。東京五輪もメダルを狙える。

DATA

建国年：1960年 国旗の制定年：1959年 面積：126万6,700平方キロメートル（日本の約4倍）人口：2,148万人（2017年）首都：ニアメ 言語：フランス語（公用語）、ハウサ語など 民族：ハウサ族、ジェルマ・ソンガイ族、カヌウリ族、トゥアレグ族、トゥーブー族、プル族など 宗教：イスラム教、キリスト教、伝統宗教、無宗教 国家元首：イスフ・マハマドゥ大統領 通貨：CFAフラン 在留邦人数：14人（2017年）在日ニジェール人数：26人（2018年）日本との国交樹立年：1960年 時差：-8時間

■近代五輪メダル数

大会	夏	冬
金	0	0
銀	1	0
銅	1	0
合計	2	0

出場12回（夏12回/冬0回）

主な有名人 ウウォ・ムサ・マーズ（サッカー選手）　アブドゥ・アラッサン・ジ・ボ（柔道選手）

Burkina Faso　　ブルキナファソ

ブルキナファソ

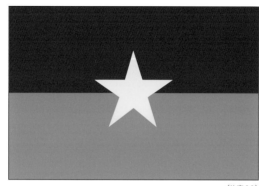

（比率 2:3）

///////// 国の歴史・概要 /////////

ボルタ川が流れる金と太陽の草原国。

ギニア湾と地中海の中間にある内陸国。国土には白ボルタ、赤ボルタ、黒ボルタの3本の大きな川が流れている。農業、牧畜、金の採掘が盛んだが、慢性的な電力不足が課題。2017年にはアフリカ最大の太陽光発電所が建設された。大規模太陽光発電の可能性に世界が注目している。

国旗の由来 汎アフリカ3色。赤は革命闘争、緑は農業と林業、黄色は鉱物資源を表す。五角星は国を導く光を表している。

このスポーツ選手がすごい！

サンホ・ラシィナ（野球）

青年海外協力隊の普及活動によって野球を始め、2013年に15歳で来日。四国独立リーグ・高知に入団した。高い身体能力とハングリー精神で実力を伸ばしており、地元・高知での人気も高い。

DATA

建国年:1960年 国旗の制定年:1984年 面積:27万4,200平方キロメートル（日本の約0.7倍）人口:1,919万人（2017年）首都:ワガドゥグ 言語:フランス語（公用語）、モシ語、ディウラ語、グルマンチェ語 民族:モシ族、グルマンチェ族、ヤルセ族、グルーシ族、ボボ族など 宗教:伝統的宗教（57%）、イスラム教（31%）、キリスト教（12%）国家元首:ロック・マルク・クリスチャン・カボレ大統領 通貨:CFAフラン 在留邦人数:92人（2017年）在日ブルキナファソ人数:94人（2018年）日本との国交樹立年:1960年 時差:-9時間

●近代五輪メダル数

大会	夏	冬
金	0	0
銀	0	0
銅	0	0
合計	0	0

出場9回（夏9回／冬0回）

主な有名人 ウィルフリード・サヌ（サッカー選手） ムムニ・ダガノ（サッカー選手）

165

Republic of Burundi　　　　　ブルンジ共和国

ブルンジ

コンゴ
民主共和国　　ブルンジ

タンザニア

（比率 3:5）

国の歴史・概要

内戦の傷は残るも、経済開発を目指す。

ルワンダの南に位置。ベルギーからの独立や民族
構成などルワンダとは共通点が多い。フツ族とツ
チ族の対立が根深く、1994年のルワンダ虐殺と
時を同じくして、ブルンジでも虐殺・内戦が起きて
いる。高地の斜面で栽培されるコーヒー、紅茶が
有名。

国旗の由来　赤は独立闘争、緑は希望、白は平和を表
す。3つの星はフツ族、ツチ族、トゥワ族と国の標語
である「統一・労働・進歩」を表す。

このスポーツ選手がすごい！

フランシーヌ・ニヨンサバ（陸上）

2016年のリオ五輪女子800mの銀メダリスト。ブ
ルンジは高原にある国で、1996年のアトランタ五
輪ではベヌステ・ニョンガボが男子5000mで金メ
ダルを獲得するなど、伝統的に中長距離が強い。

DATA

建国年：1962年 国旗の制定年：1982
年 面積：2万7,800平方キロメート
ル（四国の約1.5倍）人口：1,117万人
（2018年）首都：ギテガ 言語：フラン
ス語、キルンジ語（ともに公用語）
民族：フツ族、ツチ族、トゥワ族
宗教：カトリック、プロテスタント
国家元首：ピエール・ンクルンジザ
大統領 通貨：ブルンジ・フラン 在留
邦人数：5人（2017年）在日ブルン
ジ人数：31人（2018年）日本との国
交樹立年：1962年 時差：-7時間

■近代五輪メダル数

大会	夏	冬
金	1	0
銀	1	0
銅	0	0
合計	2	0

出場6回（夏6回／冬0回）

Republic of Benin　　ベナン共和国

ベナン

ナイジェリア

トーゴ

ベナン

ASIA

EUROPE

OCEANIA

AFRICA

AMERICA

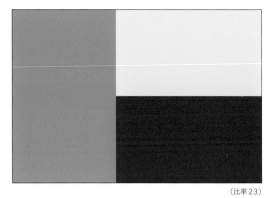

（比率 2:3）

//////// **国の歴史・概要** ////////

カラフルな民族衣装が有名な農業国。

ギニア湾に面した南北に細長い国。綿花の生産
が盛んで色鮮やかなアフリカ布で知られる。ブー
ドゥー教発祥の地。1990年の民主化以降、政情
は安定していたが、2019年の下院選挙で野党の
立候補が禁じられ、不穏な空気が漂う。NBA入
りを果たした八村塁の父の母国。

国旗の由来 汎アフリカ3色で構成される。緑は希望と
再生、黄色は富、赤は勇気を表す。1958 〜 75年、ダ
ホメ共和国時代の旗で1990年に復活。

このスポーツ選手がすごい！

ステファン・セセニオン（サッカー）

ベナン代表を支えるベテランMF。コートジボワー
ルで育ったが、生まれのベナン国籍を選択。2019
年のアフリカネイションズカップではキャプテンと
してチームを初のベスト8に導いた。

DATA

建国年:1960年 国旗の制定年:1990
年 面積:11万2,622平方キロメート
ル（日本の約3分の1）人口:1,148万
人（2017年）首都:ポルトノボ 言語:
フランス語（公用語）民族:フォン
族、ヨルバ族、アジャ族、バリタ族、
プール族、ソンバ族など46部族 宗
教:イスラム教（27.7%）、カトリック
（25.5%）、プロテスタント（13.5%）、
ブードゥー教（11.6%）、その他キリ
スト教（9.5%）、その他伝統宗教
（2.6%）国家元首:パトリス・タロン
大統領 通貨:CFAフラン 在留邦人
数:104人（2017年）在日ベナン人
数:92人（2018年）日本との国交樹
立年:1960年 時差:-8時間

■近代五輪メダル数

大会	夏	冬
金	0	0
銀	0	0
銅	0	0
合計	0	0

出場11回（夏11回／冬0回）

主な有名人 ソマホン・ルフィン（タレント）　アンジェリーク・キジョー（歌手）

Republic of Botswana　　　　ボツワナ共和国

ボツワナ

ナミビア　ジンバブエ
ボツワナ
南アフリカ

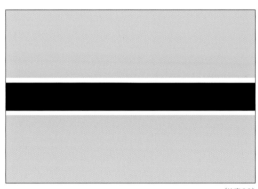

（比率 2:3）

国の歴史・概要

別格の平和で栄えるダイヤモンド大国。

南アフリカの北に位置する内陸国。1967年に世界最大のダイヤモンド鉱山が発見され、世界2位の産出量。独立以降、人種間平等と民主主義を徹底しており、アフリカでは別格の平和を誇る。鉱山収益によって社会保障も充実しているが、枯渇に備えた産業多角化に力を注ぐ。

国旗の由来〉水色は水と雨を表す。内陸国で水は貴重な資源。通貨のプラも「雨」という意味である。白と黒は白人と黒人の融和を表している。

このスポーツ選手がすごい！

ナイジェル・アモス（陸上）

男子800mの世界的ランナー。18歳で出場した2012年のロンドン五輪では1分41秒73の世界4位の記録を叩き出し、同国初の銀メダルを獲得。現在も地力は世界上位クラスをキープ。

DATA

建国年：1966年 国旗の制定年：1966年 面積：56万7,000平方キロメートル（日本の約1.5倍）人口：225万人（2016年）首都：ハボロネ 言語：英語、ツワナ語（国語）民族：ツワナ族（79%）、カランガ族（11%）、バサルワ族（3%）など 宗教：キリスト教、伝統宗教 国家元首：モクウィツィ・マシシ大統領 通貨：プラ 在留邦人数：85人（2017年）在日ボツワナ人数：65人（2017年）日本との国交樹立年：1966年 時差：-7時間

近代五輪メダル数

大会	夏	冬
金	0	0
銀	1	0
銅	0	0
合計	1	0

出場10回（夏10回／冬0回）

主な有名人 アイザック・マクワラ（陸上選手）　アリスター・ウォーカー（スカッシュ選手）

Republic of Madagascar　マダガスカル共和国

マダガスカル

タンザニア　インド洋

モザンビーク

マダガスカル

（比率 2:3）

////// 国の歴史・概要 //////

独自の生態系進化を遂げたミニ大陸。

アフリカ大陸の南東にある島国。8800万年前に大陸から分離しており、島内の約8割の動植物がマダガスカルのみに生息する固有種で特異な生態系を持つ。サファイアやバニラの生産地。資源のポテンシャルは高く、住友商事がニッケル・コバルト地金の一貫生産事業を進めている。

国旗の由来 白と赤はマダガスカルの伝統色。白は純粋さ、赤は主権、緑は希望と海岸地方の自然を表している。

このスポーツ選手がすごい！

カロルス・アンドリアマツィノロ（サッカー）

2019年のアフリカネイションズカップで初出場にしてベスト8入りを果たしたマダガスカルの主将。2018-19シーズンはサウジアラビア2部で得点王に輝いたストライカーで同大会でも3ゴール。

DATA

建国年:1960年 国旗の制定年:1958年 面積:58万7,295平方キロメートル（日本の約1.6倍）人口:2,626万人（2018年）首都:アンタナナリボ言語:マダガスカル語、フランス語（ともに公用語）民族:アフリカ大陸系、マレー系、部族は約18（メリナ族、ベチレオ族など）宗教:キリスト教、伝統宗教、イスラム教 国家元首:アンジ・ニリナ・ラジョリナ大統領 通貨:アリアリ 在留邦人数:140人（2017年）在日マダガスカル人数:123人（2018年）日本との国交樹立年:1960年 時差:-6時間

■近代五輪メダル数

大会	夏	冬
金	0	0
銀	0	0
銅	0	0
合計	0	0

出場14回（夏12回／冬2回）

主な有名人 アーセト・アベル（サッカー選手）　ソロード・シモン（作家）

Republic of Malawi　　　　マラウイ共和国

マラウイ

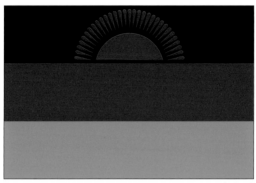

（比率 2:3）

国の歴史・概要

マラウイ湖のほとりの葉タバコ生産国。

世界有数の大きさを誇るマラウイ湖（ニアサ湖）の西に位置する湖国。アフリカ最大の葉タバコ生産地で主力輸出品だったが、世界的な禁煙化の煽りを受け、マカダミアナッツなどの生産にも力を入れている。電力の普及などインフラ整備が喫緊の課題。

国旗の由来 アフリカ大陸の希望と自由の夜明けをイメージ。黒はアフリカ人、赤は独立によって流された血、緑はマラウイの自然を表す。

このスポーツ選手がすごい！

リンジェ・ジャブラニ・アリ（サッカー）

2017年に来日。J3のY.S.C.C.横浜に入団したマラウイ人初のJリーガー。マラウイ代表FWでもあり、独特のテンポのドリブルや高いキック力を生かして日本での成功を誓う。

DATA

建国年：1964年 国旗の制定年：2012年 面積：11万8,000平方キロメートル（日本の約3分の1）人口：1,756万人（2018年）首都：リロングウェ 言語：チェワ語、英語（ともに公用語）、各民族語 民族：バンツー系（主要民族はチェワ族、トゥンブーカ族、ンゴニ族、ヤオ族）宗教：キリスト教（約75%）、その他イスラム教、伝統宗教 国家元首：アーサー・ピーター・ムタリカ大統領 通貨：マラウイ・クワチャ 在留邦人数：155人（2017年）在日マラウイ人数：111人（2018年）日本との国交樹立年：1964年 時差：-7時間

■ 近代五輪メダル数

大会	夏	冬
金	0	0
銀	0	0
銅	0	0
合計	0	0

出場10回（夏10回／冬0回）

主な有名人 アイザック・チレンバ（ボクシング選手） ジョン・バンダ（サッカー選手）

Republic of Mali　　　　　　　　　　マリ共和国

マリ

（比率 2:3）

国の歴史・概要

かつて「黄金の都」と呼ばれた交易の地。

ギニア湾と地中海の間にある内陸国。古くはマリ
帝国やソンガイ帝国が栄え、金や象牙を輸出する
サハラ交易の中心地だった。現在は農業や牧畜
が主要産業で綿花の生産と加工が経済の中心。
2013年にはイスラム系武装組織が一時的に北部
を制圧し、国際的な奪還作戦が展開された。

国旗の由来》旧宗主国のフランス国旗にならった3色
旗。緑は農業と肥沃な土地、黄色は太陽と鉱物資源、
赤は独立闘争と勇気を示す。

このスポーツ選手がすごい！

セイドゥ・ケイタ（サッカー）

2008〜12年にFCバルセロナに在籍したMF。正
確な左足と献身的な守備で複数ポジションをこな
し、バルセロナの黄金時代を支えた。叔父はマリ
サッカー界の英雄であるサリフ・ケイタ。

DATA

建国年：1960年 国旗の制定年：1961
年 面積：124万平方キロメートル
（日本の約3.3倍）人口：1,854万人
（2017年）首都：バマコ 言語：フラン
ス語（公用語）、バンバラ語など 民
族：バンバラ族、プル族、マリンケ
族、トゥアレグ族 宗教：イスラム教
（80％）、伝統宗教、キリスト教 国家
元首：イブラヒム・ブバカール・ケイ
タ大統領 通貨：CFAフラン 在留邦
人数：19人（2017年）在日マリ人数：
187人（2018年）日本との国交樹立
年：1960年 時差：-9時間

■近代五輪メダル数

大会	夏	冬
金	0	0
銀	0	0
銅	0	0
合計	0	0

出場13回（夏13回／冬0回）

主な有名人 モハメド・シソッコ（サッカー選手）　フェイヴ・ディアロ（バスケット選手）　　171

Republic of South Africa 南アフリカ共和国

南アフリカ

ナミビア　ボツワナ
南アフリカ

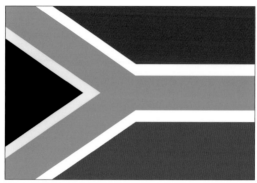

（比率 2:3）

国の歴史・概要

人種隔離から共生に舵を切った大国。

アフリカ屈指の経済大国。第二次世界大戦後、アパルトヘイト政策（人種隔離政策）を推進し、国際的に非難を浴びたが、1991年に廃止され、ネルソン・マンデラ大統領のもと、共生路線を進んだ。ワールドカップ3度優勝のラグビー強国であり、人種差別撤廃のシンボルになっている。

国旗の由来 赤は過去の対立で流された血、白は白人、黒は黒人、緑は農業、黄色は資源、青は空と海を表す。レインボーフラッグとも呼ばれる。

このスポーツ選手がすごい！

ファフ・デクラーク（ラグビー）

172cmと小柄ながら、抜群のキックと戦術眼で試合を支配するスクラムハーフ。2019年ワールドカップ準々決勝では勢いに乗る日本を完全に抑え込み、プレーヤー・オブ・ザ・マッチに選出された。

DATA

建国年：1961年 国旗の制定年：1994年 面積：122万平方キロメートル（日本の約3.2倍）人口：5,778万人（2018年）首都：プレトリア 言語：英語、アフリカーンス語、バンツー諸語（ズールー語、ソト語など）の11公用語 民族：黒人（79%）、白人（9.6%）、カラード（混血／8.9%）、アジア系（2.5%）宗教：キリスト教（約80%）、ヒンズー教、イスラム教など 国家元首：シリル・ラマポーザ大統領 通貨：ランド 在留邦人数：1,505人（2017年）在日南アフリカ人数：942人（2018年）日本との国交樹立年：1910年（1992年再開）時差：-7時間

■近代五輪メダル数

大会	夏	冬
金	27	0
銀	32	0
銅	29	0
合計	88	0

出場26回（夏19回／冬7回）

主な有名人 キャスター・セメンヤ（陸上選手）　イーロン・マスク（テスラCEO）

IOCコード：SSD

The Republic of South Sudan 　　　　南スーダン共和国

南スーダン

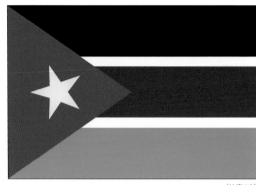

（比率 1:2）

国の歴史・概要

豊富な石油資源をもつ若い国。

2度の内戦を経て、2011年にスーダンから独立して成立。イスラム国家であるスーダンに対して、非アラブ世俗勢力が中心になって建国された。しかし、混乱は収まらず、スーダンや国内の反政府勢力と戦闘になり、国連なども介入している。国内には油田が多く存在。

国旗の由来 黒は南スーダン人、白は平和と自由、赤は独立のために流された血、緑は国土、青はナイル川、黄色の星は国民と国家を導く力を表す。

このスポーツ選手がすごい！

マヌート・ボル（バスケット）

1980 〜 90年代にNBAで活躍。世界一身長が高いといわれるディンカ族の出身。231cmの破格の長身で、1試合平均3.34ブロックはNBA歴代2位。難民支援にも積極的に取り組んだ。

DATA

建国年：2011年 国旗の制定年：2011年 面積：64万平方キロメートル（日本の約1.7倍）人口：1,258万人（2017年）首都：ジュバ 言語：英語（公用語）、アラビア語、その他部族語多数 民族：ディンカ族、ヌエル族、シルク族、ムルル族、バリ族、他多数 宗教：キリスト教、イスラム教、伝統宗教 国家元首：サルヴァ・キール・マヤルディト大統領 通貨：南スーダン・ポンド 在留邦人数：約30人（2018年）在日南スーダン人数：41人（2017年）日本との国交樹立年：2011年 時差：-6時間

■近代五輪メダル数

大会	夏	冬
金	0	0
銀	0	0
銅	0	0
合計	0	0

出場1回（夏1回／冬0回）

主な有名人 アレック・ウェック〈モデル〉 ジェームス・モガ〈サッカー選手〉

173

Republic of Mauritius　　　　　モーリシャス共和国

モーリシャス

（比率 2:3）

国の歴史・概要

観光と繊維産業で栄えるインド洋の島。

マダガスカル島の東約900kmに位置するモーリシャス島を中心とする島嶼国。かつてはサトウキビのプランテーションの地だったが、イギリスから独立後、産業の多様化を進め、繊維産業や輸出加工、漁業、観光リゾートで繁栄を築いている。インド系の住民が多い。

国旗の由来 珍しい横割りの4色旗。赤は独立闘争、青はインド洋、黄色は独立で勝ち取った自由、緑は農業とサトウキビを表す。

このスポーツ選手がすごい！

ブルーノ・ジュリー（ボクシング）

2008年の北京五輪男子バンタム級でモーリシャスに初のメダルをもたらしたボクサー。相手のリズムを崩しながら前進するアグレッブなスタイルのサウスポー。

DATA

建国年：1968年 国旗の制定年：1968年 面積：2,040平方キロメートル（東京都とほぼ同じ）人口：126万5,000人（2018年）首都：ポートルイス 言語：英語（公用語）、フランス語、クレオール語 民族：インド系、クレオール系が大部分。その他フランス系、中国系など 宗教：ヒンズー教（52％）、キリスト教（30％）、イスラム教（17％）、仏教（0.7％）国家元首：空席（大統領制）通貨：モーリシャス・ルピー 在留邦人数：53人（2017年）在日モーリシャス人数：80人（2018年）日本との国交樹立年：1968年 時差：-5時間

■近代五輪メダル数

大会	夏	冬
金	0	0
銀	0	0
銅	1	0
合計	1	0

出場9回（夏9回／冬0回）

主な有名人 エリック・ミラザー（陸上選手）　クリスチャンヌ・ルジョンティル（柔道選手）

Islamic Republic of Mauritania　モーリタニア・イスラム共和国

モーリタニア

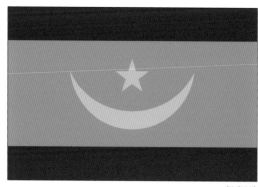

（比率 2:3）

国の歴史・概要

タコが有名な海と砂漠のイスラム教国。

アフリカ北西に位置するイスラム国家。1960年代に日本人の技術伝播によってタコ漁が開始され、年間100億円を超える量のタコを日本に輸出している。国土の90％がサハラ砂漠で首都のヌアクショットは海岸に位置するが、砂丘に侵食されつつあり、街の一部が飲み込まれている。

国旗の由来　緑と黄色、三日月と星はイスラム教のシンボル。緑には国土緑化の思いも込められている。2017年に憲法が改正され、独立闘争を表す赤を上下に追加。

このスポーツ選手がすごい！

アブドゥル・バ（サッカー選手）

フランス2部のAJオセールに所属するCB。203cmの長身、屈強なフィジカルで相手を封じ込める。モーリタニア代表の主力で2019年には同国を初のアフリカネイションズカップに導いた。

DATA

建国年：1960年 国旗の制定年：2017年 面積：103万平方キロメートル（日本の約2.7倍）人口：430万人（2016年）首都：ヌアクショット 言語：アラビア語（公用語、国語）、プラール語、ソニンケ語、ウォロフ語（いずれも国語）、実務言語としてフランス語 民族：モール人、アフリカ系 宗教：イスラム教（国教）国家元首：モハメド・ウルド・ガズワニ大統領 通貨：ウギア 在留邦人数：20人（2016年）在日モーリタニア人数：18人（2016年）日本との国交樹立年：1960年 時差：-9時間

■近代五輪メダル数

大会	夏	冬
金	0	0
銀	0	0
銅	0	0
合計	0	0

出場9回（夏9回／冬0回）

主な有名人　ジドゥ・エル・モクタール（陸上選手）　アブデラマン・シソコ（映画監督）

Republic of Mozambique　　　　モザンビーク共和国

モザンビーク

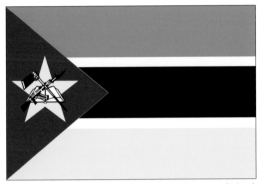

（比率 2:3）

国の歴史・概要

資源開発に向けて海外からの投資が進む。

アフリカ南東の海岸に面する国。独立後、1975
～92年までの内戦で疲弊していたが、民主化さ
れ、近年では資源開発に向けた投資が進んでい
る。南アフリカから安価で電力を得られるため、
日英企業などによってアルミニウム精錬会社が設
立され、主要産業になっている。

国旗の由来〉赤は独立闘争、白は平和、黒は大陸、黄色
は鉱物を表す。社会主義時代の旗を継続して使って
おり、銃（戦い）、鍬（農業）、本（教育）を配する。

このスポーツ選手がすごい！

マリア・ムトラ（陸上）

女子800mの陸上選手。1988年のソウル五輪に15
歳で初出場。予選最下位だったものの、負けず嫌
いな性格で頭角を現し、1996年アトランタ五輪で
銅、2000年シドニー五輪で金メダルを獲得した。

DATA

建国年：1975年 国旗の制定年：1983
年 面積：79万9,000平方キロメー
トル（日本の約2倍）人口：2,967万人
（2017年）首都：マプト 言語：ポル
トガル語 民族：マクア族、ロムウェ
族など約40部族 宗教：キリスト教
（約40％）、イスラム教（約20％）、
伝統宗教 国家元首：フィリッペ・
ジャシント・ニュシ大統領 通貨：メ
ティカル 在留邦人数：176人（2017
年）在日モザンビーク人数：約130
人（2018年）日本との国交樹立年：
1977年 時差：-7時間

■近代五輪メダル数

大会	夏	冬
金	1	0
銀	0	0
銅	1	0
合計	2	0

出場10回（夏10回／冬0回）

Kingdom of Morocco モロッコ王国

モロッコ

（比率 2:3）

国の歴史・概要

西欧と結び付きの強い地中海の玄関口。

スペインの対岸、地中海の西の入り口にあるイスラム国家。歴史的に西欧との結び付きが強い。北部は地中海性気候で小麦やオリーブの栽培が盛んで、大西洋側は良質な漁場がある。自動車やアパレル産業を中心に工業化も進んでおり、経済はアフリカ内では高水準を保っている。

国旗の由来 17世紀頃は無地の赤を採用していたが、後に「スレイマン（ソロモン）の印章」という国家安泰のシンボルを示す五芒星を配した。

このスポーツ選手がすごい！

ヒシャム・エルゲルージ（陸上）

世界の中距離界を牽引した「キング・オブ・マイル」。シドニー五輪1500mで銀、アテネ五輪では1500m、5000mで金メダルを獲得。1500m、マイル、2000mの世界記録保持者（2019年時点）。

DATA

建国年:1956年 国旗の制定年:1915年 面積:44万6,000平方キロメートル（日本の約1.2倍、西サハラを除く）人口:3,603万人（2018年）首都:ラバト 言語:アラビア語（公用語）、ベルベル語（公用語）、フランス語 民族:アラブ人（65％）、ベルベル人（30％）宗教:イスラム教（国教）スンニ派がほとんど 国家元首:モハメッド6世国王 通貨:モロッコ・ディルハム 在留邦人数:362人（2017年）在日モロッコ人数:601人（2018年）日本との国交樹立年:1956年 時差:-8時間

■近代五輪メダル数

大会	夏	冬
金	6	0
銀	5	0
銅	12	0
合計	23	0

出場21回（夏14回／冬7回）

主な有名人 サイド・アウィータ（陸上選手） バダ・ハリ（格闘家）

Libya リビア

リビア

（比率 1:2）

国の歴史・概要

カダフィ政権が倒れ崩壊した反米の砦。

1969年にカダフィ大尉（当時）が政権を手中に収め、社会主義を標榜し、西側諸国と激しく対立。2001年以降は対立姿勢を緩め、国民にも石油産業の利益を還元するなど懐柔策を取っていたが、2011年に革命が勃発し、カダフィ政権に終止符。武器の流入で治安が悪化している。

国旗の由来 カダフィ政権前の王政時代の国旗で2011年に復活。赤は剣、黒は闘争、緑は草原で国内3地方を表す。三日月と星はイスラムのシンボル。

このスポーツ選手がすごい！

モハメド・エル・モニル（サッカー）

アメリカンドリームを掴みつつある気鋭のサッカー選手。内戦後、海外でのプレーを模索し、2018年に米MLSに移籍。当たり負けしないドリブルと守備で評価を急上昇させている。

DATA

建国年：1951年 国旗の制定年：2011年 面積：176万平方キロメートル（日本の約4.6倍）人口：638万人（2017年）首都：トリポリ 言語：アラビア語 民族：アラブ人 宗教：イスラム教（スンニ派）国家元首：空席（大統領制）通貨：リビア・ディナール 在留邦人数：9人（2017年）在日リビア人数：67人（2017年）日本との国交樹立年：1957年 時差：-7時間

■近代五輪メダル数

大会	夏	冬
金	0	0
銀	0	0
銅	0	0
合計	0	0

出場11回（夏11回／冬0回）

主な有名人 アル・サーディ・カダフィ（サッカー選手、軍人） モハメド・フアジャ（陸上選手）

Republic of Liberia　リベリア共和国

リベリア

ギニア
コートジボワール
シエラレオネ
リベリア
大西洋

(比率 10:19)

国の歴史・概要

アフリカ大陸で2番目に古い独立国。

アメリカで解放された黒人奴隷の帰還の地（再入植地）として1847年に建国。アメリカからの移民が中心を担っていたが、1970年代から先住部族との対立や利権争いなどの要因で政情が不安定となり、1989年に内戦が勃発。多くの死者、難民が発生した。

国旗の由来 アメリカ主導の建国から星条旗と似たデザイン。11本の線はリベリア独立宣言に署名した11名という数、星は独立国であることを示す。

このスポーツ選手がすごい！

ジョージ・ウェア（サッカー）

圧倒的な身体能力を武器にヨーロッパで活躍した「リベリアの怪人」。1995年にはパリSGでバロンドールを獲得した。引退後、政治家に転身。2017年の選挙に勝利し、大統領に就任した。

DATA

建国年：1847年 国旗の制定年：1847年 面積：11万1,370平方キロメートル（日本の約3分の1）人口：482万人（2018年）首都：モンロビア 言語：英語（公用語）、その他各部族語 民族：クペレ族、バサ族、グレボ族など 宗教：キリスト教（85%）、イスラム教（12%）、その他 国家元首：ジョージ・タウロン・マネー・オポン・ウェア大統領 通貨：リベリア・ドル 在留邦人数：17人（2017年）在日リベリア人数：37人（2018年）日本との国交樹立年：1961年 時差：-9時間

■近代五輪メダル数

大会	夏	冬
金	0	0
銀	0	0
銅	0	0
合計	0	0

出場13回（夏13回／冬0回）

主な有名人 エマニュエル・マタディ（陸上選手）　ウィリアム ジェボール（サッカー選手）

Republic of Rwanda ルワンダ共和国

ルワンダ

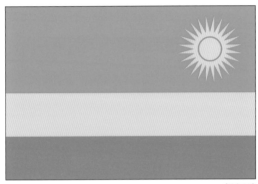

（比率 2:3）

国の歴史・概要

民族対立を乗り越え経済成長を果たす。

植民地時代に支配階層になっていたツチ族と被支配階層のフツ族が対立し、1994年にはルワンダ虐殺が発生した。その後、国際社会が積極的に介入と投資を進めた結果、難民となっていたツチ族が帰国し、「アフリカの奇跡」と呼ばれる経済成長を果たしている。コーヒーが特産品。

国旗の由来 水色は幸福と平和、黄色は経済成長、緑は平和と資源を表す。旗尾側の太陽は統一の希望の光。紛争を想起する赤をあえて排除したデザイン。

このスポーツ選手がすごい！

マティアス・ヌタウリクラ（陸上）

1988年のソウルから2004年のアテネまで5大会連続五輪出場を果たした鉄人。3000mからマラソンまで適応距離が広く、1992年にオープン参加した日本選手権10000mでは優勝を果たした。

DATA

建国年：1962年 国旗の制定年：2001年 面積：2万6,300平方キロメートル（四国の約1.4倍）人口：1,220万人（2017年）首都：キガリ 言語：ルワンダ語、英語、フランス語、スワヒリ語 民族：フツ族、ツチ族、トゥワ族 宗教：キリスト教、イスラム教 国家元首：ポール・カガメ大統領 通貨：ルワンダ・フラン 在留邦人数：134人（2017年）在日ルワンダ人数：104人（2018年）日本との国交樹立年：1962年 時差：-7時間

■近代五輪メダル数

大会	夏	冬
金	0	0
銀	0	0
銅	0	0
合計	0	0

出場9回（夏9回／冬0回）

Kingdom of Lesotho レソト王国

レソト

（比率 2:3）

国の歴史・概要

南アフリカに囲まれリゾート化も盛ん。

南アフリカに囲まれた小国。19世紀にオランダ系のボーア人の侵攻を免れるためにイギリスの保護領となり、山岳地帯を領土として与えられた。2000年代にはアメリカのアパレル産業の誘致に成功し、南部アフリカでは貴重なスキーリゾートが開場するなど成長を続けている。

国旗の由来〉青は雨、白は平和、緑は繁栄、黒はアフリカ大陸。中央に配されているのはバソトと呼ばれる伝統的な帽子。

このスポーツ選手がすごい！

ツェポ・マティベレ（マラソン）

2012年のロンドン五輪・マラソンに出場。ゴールした選手の中では一番遅い85位だったが、最後まで走りきり、敢闘精神が称えられた。その後はタイムを伸ばし、2015年の世界陸上では14位に。

DATA

建国年：1966年 国旗の制定年：2006年 面積：3万平方キロメートル（四国の約1.6倍）人口：233万人（2017年）首都：マセル 言語：英語（公用語）、ソト語（公用語）民族：ソト族 宗教：大部分がキリスト教 国家元首：レツィエ三世 通貨：ロチ 在留邦人数：5人（2017年）在日レソト人数：13人（2018年）日本との国交樹立年：1966年 時差：-7時間

近代五輪メダル数

大会	夏	冬
金	0	0
銀	0	0
銅	0	0
合計	0	0

出場11回（夏11回／冬0回）

主な有名人 レベニャ・ヌコカ（陸上選手）ナマコエ・ヌハシ（陸上選手）

アフリカ大陸のスポーツ

　IOC加盟国数は54カ国と多いが、政情不安や経済的に安定していない国も多く、「スポーツ」の分野でも、まだまだ後進国が多い印象のアフリカ。

　しかし、陸上・長距離やサッカーで見られるようにポテンシャルは非常に高く、今後の飛躍が期待される国も多い。主要スポーツ大会の開催実績はサッカー W杯、ラグビー W杯が各1回ずつ。ともに、南アフリカでの開催だったが、同国はその歴史的背景から白人の人口が多く、人種、スポーツの面でも他のアフリカ諸国とは一線を画す。特にラグビーは世界的な強豪として知られており、2019年のW杯日本大会では準々決勝で日本を下し、決勝でもイングランドを破って3度目の優勝を果たした。

　また、気候・経済的な理由からウインタースポーツの普及は遅れており、冬季五輪では特に目立った結果を残せていない。

　目下の注目は「アフリカ大陸初の夏季五輪開催」。2022年にはセネガルのダカールでユース五輪の開催が予定されており、IOCのトーマス・バッハ会長は「2032年もしくは2036年の夏季五輪招致を期待している」と明言。

　世界の主要地域で唯一、五輪開催がないのはアフリカだけ。10年以上先の話ではあるが、スポーツの歴史に新たなページが加わるのを、期待したい。

■アフリカ大陸で行われた主要スポーツ国際大会

夏季五輪	0回
冬季五輪	0回
サッカー W杯	1回
世界陸上	0回
ラグビー W杯	1回

※2019年終了時点で開催された大会が対象

NATIONAL FLAG OF THE WORLD

AMERICA

アメリカ

南アメリカ大陸と北アメリカ大陸
の総称。主に北米、中米、南米で
分けられる。アメリカには過去、
ネイティブアメリカンと呼ばれる
先住民が暮らしていたが、のちに
ヨーロッパ人が移住。現在は多民
族国家となっている。中米、南米
諸国のほとんどがヨーロッパの植
民地時代を経験しており、スペイ
ン語やポルトガル語を公用語とす
る国が大半を占める。

United States of America アメリカ合衆国

アメリカ

カナダ

太平洋

アメリカ

メキシコ

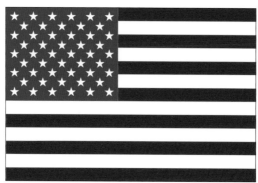

（比率 10:19）

国の歴史・概要

13植民地の独立宣言で国家が誕生！

1776年、アメリカ東部沿岸のイギリス領13植民地が独立宣言を発した。イギリス本国との独立戦争は6年に及んだが、フランス軍などの援護もあり、ヨークタウンの戦いでイギリス軍が降伏。1783年のパリ条約にて、とうとうアメリカ合衆国の独立を認めさせた。

国旗の由来 赤白13本のラインは独立宣言時の13州を、カントンの星は州の数を表す。1960年にハワイ州分の星が加わり、27度目のデザイン変更がなされた。

このスポーツ選手がすごい！

マイケル・フェルプス（競泳）

アメリカが誇る「水の怪物」。五輪メダル通算獲得数28個、金メダル23個は歴代1位、銀が3個に銅が2個。北京五輪では出場8種目すべてで金、1大会8個の金メダルも史上初。

DATA

建国年：1776年 国旗の制定年：1960年 面積：962万8,000平方キロメートル（日本の約25倍） 人口：3億2775万人（2018年） 首都：ワシントンD.C. 民族：ヨーロッパ系、アフリカ系、他 言語：主として英語 宗教：主にキリスト教 国家元首：ドナルド・トランプ大統領 通貨：米ドル 在留邦人数：42万6,206人（2017年） 在日米国人数：5万6,834人（2018年） 日本との国交樹立年：1854年 時差：-14時間（ワシントンD.C）

■近代五輪メダル数

大会	夏	冬
金	1020	105
銀	794	110
銅	706	90
合計	2519	305

出場50回（夏27回／冬23回）

Aruba　　　　　　　　　　　　　アルーバ

アルーバ

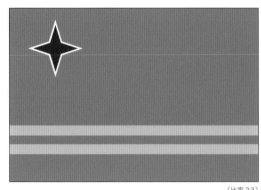

（比率 2:3）

国の歴史・概要

オランダ統治下にあるカリブの島。

第2次世界大戦後の1954年、オランダ領アンティルに組み込まれたが、1986年に単独の自治領として分離。現在に至るまでオランダ王国の統治下にある。カリブ海地域の中では生活水準が非常に高く、GNPの半分は観光関連。観光客も含め、最大の貿易相手国はアメリカだ。

国旗の由来 青い地は空と海を、2本の黄色い線は水平線を、星は祖先が四方からやってきたことを、赤色はアルーバの赤土を、白の縁取りは砂浜を表す。

このスポーツ選手がすごい！

ザンダー・ボガーツ（野球）

現役唯一のアルーバ出身メジャーリーガー。30本塁打＆50二塁打を放つ強打と華麗な遊撃守備が魅力。2025年まで7年総額約147億円という大型契約を勝ち取ったレッドソックスの主砲。

DATA

建国年:1986年 国旗の制定年:1976年 面積:193平方キロメートル 人口:10万5000人（2018年）首都:オラニエスタッド 民族:カリブ人と白人の混血80% 言語:オランダ語、パピアメント語 宗教:キリスト教、ヒンズー教、イスラム教 国家元首:ウィレム＝アレクサンダー 通貨:アルバ・フロリン 時差:-13時間

■近代五輪メダル数

大会	夏	冬
金	0	0
銀	0	0
銅	0	0
合計	0	0

出場8回（夏8回／冬0回）

主な有名人 スーザン・ケイグル（ミュージシャン）　シドニー・ポンソン（野球選手）

Argentine Republic アルゼンチン共和国

アルゼンチン

（比率 9:14）

<hr>

国の歴史・概要

ラテンアメリカの主要国として君臨。

1500年代初頭から約300年にわたってスペインの植民地だったが、1810年にクリオーリョが独立戦争を起こし、激しい闘いの末、1816年に独立を果たした。現在のアルゼンチンはブラジルを軸としたラテンアメリカ統合を受容し、その主要国として影響力を発揮している。

国旗の由来〉青は大空と国土、白はラプラタ川と純粋な国民性を表す。中央の紋章は独立運動が起こった日にブエノスアイレスの空に現れた太陽を描いたもの。

このスポーツ選手がすごい！

リオネル・メッシ（サッカー）

サッカーファンならずとも知るワールドクラスの有名アスリート。FCバルセロナのエースにしてアルゼンチン代表。歴代最多タイの5度のバロンドール（年間最優秀選手）を受賞。

DATA

建国年：1816年 国旗の制定年：1818年 面積：278万平方キロメートル（日本の約7.5倍）人口：4427万人（2017年）首都：ブエノスアイレス 民族：欧州系（スペイン、イタリア）（97%）、先住民系（3%）言語：スペイン語 宗教：カトリック等 国家元首：マウリシオ・マクリ大統領 通貨：ペソ 在留邦人数：11460人（2016年）在日アルゼンチン人数：2728人（2017年）日本との国交樹立年：1898年 時差：-12時間

■近代五輪メダル数

大会	夏	冬
金	21	0
銀	25	0
銅	28	0
合計	74	0

出場43回（夏24回/冬19回）

Antigua and Barbuda アンティグア・バーブーダ

アンティグア・バーブーダ

アンティグア・バーブーダ

ベネズエラ　大西洋

（比率 2:3）

国の歴史・概要

無人島を含む3つの島からなる国家。

国名は2つの主な島（アンティグア島とバーブーダ島）の名前を合わせたもの。300年以上に及ぶイギリス統治を経て、1967年に自治領、1981年にイギリス連邦の一員として独立。クリケットとボクシングが盛んで、12月26日はボクシングデーとして国民の祝日になっている。

国旗の由来　黒はアフリカ系の黒人住民、青はカリブ海、白は砂浜とイギリス系白人、黄色は太陽、赤は国民の活力、V字は勝利を表している。

このスポーツ選手がすごい！

モーリス・ホープ（ボクシング）

サウスポーの技巧派ボクサーとして、1979年にWBC世界ジュニアミドル級王者となり、その後3度の防衛に成功。35戦30勝（24KO）4敗1引き分け。国民的ヒーローだ。

主な有名人　ヴィヴ・リチャーズ（クリケット選手）　ジャメイカ・キンケイド（作家）

DATA

建国年：1981年 国旗の制定年：1967年 面積：440平方キロメートル（種子島とほぼ同じ）人口：9万6,000人（2018年）首都：セントジョンズ 民族：アフリカ系（87.3％）、混血（4.7％）、ヒスパニック系（2.7％）、白人系（1.6％）、その他（3.6％）言語：英語（公用語）、アンティグア・クレオール語 宗教：キリスト教、その他 国家元首：エリザベス二世女王 通貨：東カリブ・ドル 在留邦人数：7人（2017年）在日アンティグア・バーブーダ人数：7人（2018年）日本との国交樹立年：1982年 時差：-13時間

■近代五輪メダル数

大会	夏	冬
金	0	0
銀	0	0
銅	0	0
合計	0	0

出場10回（夏10回／冬0回）

ASIA　EUROPE　OCEANIA　AFRICA　AMERICA

Oriental Republic of Uruguay **ウルグアイ東方共和国**

ウルグアイ

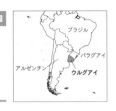

（比率 2:3）

国の歴史・概要

アルゼンチンの支援により独立に成功。

16世紀以来スペインの支配を受け、1821年には
ポルトガルに併合されるが、翌年ブラジルの独立
に伴い、その1州となる。しかしアルゼンチンの支
援を受けて首都を奪い返すと、1825年に独立を
宣言。チリと並んで、ラテンアメリカでも伝統的
な民主主義国家である。

国旗の由来 独立支援国アルゼンチンの国旗がモデル。
青と白の9本の縞は独立時の9県を表している。太陽
はアルゼンチン同様、独立のシンボル。

このスポーツ選手がすごい！

ディエゴ・フォルラン（サッカー）

ウルグアイの国民的英雄と呼ばれるサッカー選
手。かつて南米3強と呼ばれながら長い低迷期に
入っていたウルグアイ代表を2010年W杯で4位に
導き、大会MVPにも選ばれた。

DATA

建国年：1825年 国旗の制定年：1830
年 面積：17万6,000平方キロメート
ル（日本の約半分）人口：345万人
（2018年）首都：モンテビデオ 民族：
欧州系（90％）、欧州系と先住民の
混血（8％）、アフリカ系（2％）言語：
スペイン語 宗教：キリスト教など 国
家元首：タバレ・ラモン・バスケス・
ロサス大統領 通貨：ペソ 在留邦人
数：356人（2017年）在日ウルグア
イ人数：111人（2018年）日本との国
交樹立年：1921年 時差：-12時間

■近代五輪メダル数

大会	夏	冬
金	2	0
銀	2	0
銅	6	0
合計	10	0

出場22回（夏21回／冬1回）

British Virgin Islands　　　　英領バージン諸島

英領バージン諸島

（比率 1:2）

国の歴史・概要

バージン諸島の東半分はイギリス領。

バージン諸島は西側がアメリカ領で東側がイギリス領。人が定住する島はトルトラ島などメイン4島を中心に16、小さな無人島が50近くある。1648年にオランダ人が植民を開始するも1672年にイギリスに併合された。近年、世界的なタックスヘイブンとしても有名になった。

国旗の由来 左上部に英国国旗、右側に域章。聖女ウルスラと殉教した1万1千人の乙女を表す11個の金の燭台、ラテン語で「慎重にあれ」の標語リボン。

このスポーツ選手がすごい！

タヘシア・ハリガン＝スコット（陸上）

英領バージン諸島を代表する女子アスリート。専門は100m。ロンドン五輪とリオ五輪に連続出場するも準決勝敗退がキャリアハイ。3大会連続となる東京五輪で初のメダルが期待されている。

DATA

建国年：1672年 国旗の制定年：1960年 面積：153平方キロメートル 人口：3万2,000人（2008年）首都：ロードタウン 民族：アフリカ系、混血他 言語：英語 宗教：キリスト教（プロテスタント、カトリック等）、ヒンドゥー教、イスラム教等 国家元首：エリザベス二世女王 通貨：アメリカ・ドル 時差：-13時間

■近代五輪メダル数

大会	夏	冬
金	0	0
銀	0	0
銅	0	0
合計	0	0

出場11回（夏9回／冬2回）

主な有名人 アシュリー・クリー（陸上選手）　アイヤズ（歌手）

Republic of Ecuador エクアドル共和国

エクアドル

コロンビア
エクアドル
ペルー
太平洋

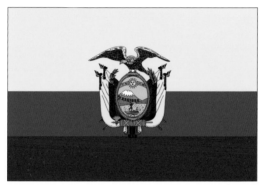

（比率 2:3）

国の歴史・概要

ガラパゴス諸島を含む赤道直下の国。

エクアドルはスペイン語で「赤道」の意。観光の目玉は世界遺産のガラパゴス諸島。15世紀後半にインカ帝国の支配下に入り、16世紀前半にスペインの植民地に。1822年にはグラン・コロンビアの独立に伴い、その一部として組み込まれたが、1830年に分離独立に成功した。

国旗の由来 黄色は国土の豊かさ、青は空と海、赤は独立運動で流された血を表す。中央の国章にはコンドル、国内最高峰チンボラソ山、太陽などが描かれている。

このスポーツ選手がすごい！

ジェファーソン・ペレス（競歩）

1966年アトランタ五輪の男子20km競歩で金メダルに輝き、エクアドルに初の金メダルをもたらした。2008年北京五輪でも同競技で銀メダルを獲得したエクアドル唯一の五輪メダリスト。

DATA

建国年：1830年 国旗の制定年：2009年 面積：25万6,000平方キロメートル（本州と九州を合わせた広さ）人口：1,708万人（2018年）首都：キト 民族：欧州系・先住民混血（72%）、先住民（7%）、アフリカ系およびアフリカ系との混血（7%）、欧州系（6%）言語：スペイン語（ほかにケチュア語、シュアール語など）宗教：大多数はカトリック教徒 国家元首：レニン・ボルタイレ・モレノ・ガルセス大統領 通貨：米ドル 在留邦人数：355人（2017年）在日エクアドル人数：230人（2018年）日本との国交樹立年：1918年 時差：-14時間

■近代五輪メダル数

大会	夏	冬
金	1	0
銀	1	0
銅	0	0
合計	2	0

出場15回（夏14回／冬1回）

Republic of El Salvador　　　エルサルバドル共和国

エルサルバドル

(比率 3:5)

国の歴史・概要

紆余曲折を経て独立した「救世主」。

国名はスペイン語で「救世主」を意味するエル・サルバドールから。スペインの植民地、グアテマラ総督領やメキシコ帝国の一部、中央アメリカ連邦加盟などを経て、1841年に単一国家として独立。人口密度は中米一高く、経済規模は中米で3番目に大きいとされている。

国旗の由来 青はカリブ海と太平洋を、白は国土と平和を表す。中央の国章には、国家を形成する14州を示す14枚の月桂樹の葉などが描かれている。

このスポーツ選手がすごい！

マヒコ・ゴンザレス（サッカー）

サッカー元エルサルバドル代表。エルサルバドルのW杯出場は2度しかないが、攻撃的MFとして代表チームを1982年のスペインW杯へ導いた。0勝3敗でGL敗退も、今も国民的英雄だ。

DATA

建国年：1821年 国旗の制定年：1972年 面積：2万1,040平方キロメートル（九州の約半分）人口：664万人（2018年）首都：サンサルバドル 民族：スペイン系白人と先住民の混血84％、先住民5.6％、ヨーロッパ系約10％ 言語：スペイン語 宗教：カトリック教 国家元首：ナジブ・アルマンド・ブケレ・オルティス大統領 通貨：米ドル 在留邦人数：176人（2016年）在日エルサルバドル人数：119人（2016年）日本との国交樹立年：1964年 時差：-15時間

■近代五輪メダル数

大会	夏	冬
金	0	0
銀	0	0
銅	0	0
合計	0	0

出場11回（夏11回／冬0回）

主な有名人 アイヴァン・メンジバー（総合格闘家）　クラウディア・ラルス（詩人）

Republic of Guyana　　　　　　　ガイアナ共和国

ガイアナ

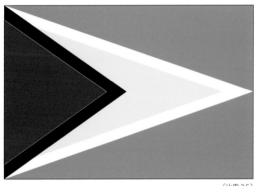

（比率 3:5）

国の歴史・概要

南米大陸で唯一英語が公用語の国。

南米で3番目に小さい国であり、南米唯一の英語公用語国（南米非スペイン語圏4国のひとつ）。ガイアナは「水の国」を意味する。17世紀初頭にはオランダ領、19世紀初頭にイギリス領となり、1966年に独立。文化的には、ラテンアメリカよりカリブ海諸国に近い。

国旗の由来 三角形の矢は国家建設へ活力と熱意を示し、緑は森林と農業、白は川と水資源、黒は忍耐力、赤は国家建設への情熱、黄色は鉱物資源を表している。

このスポーツ選手がすごい！

ウィンストン・ジョージ（陸上）

陸上男子200mと400mでガイアナ新記録を更新し続け、南米選手権でガイアナ初の金メダルを獲得。同国中が東京五輪での活躍を願っている「ガイアナの星」だ。

DATA

建国年：1966年 国旗の制定年：1966年 面積：21万5,000平方キロメートル（本州よりやや小さい）人口：77万9,000人（2018年）首都：ジョージタウン 民族：東インド系（39.8％）、アフリカ系（29.3％）、混血（19.9％）先住民族（10.5％）他 言語：英語（公用語）、ガイアナ・クレオール語など 宗教：キリスト教、ヒンドゥー教、イスラム教など 国家元首：デービッド•A•グレンジャー大統領 通貨：ガイアナ・ドル 在留邦人数：21人（2017年）在日ガイアナ人数：15人（2018年）日本との国交樹立年：1967年 時差：-12時間

■ 近代五輪メダル数

大会	夏	冬
金	0	0
銀	0	0
銅	1	0
合計	1	0

出場17回（夏17回／冬0回）

Canada カナダ

カナダ

カナダ
アメリカ
太平洋 大西洋

（比率 1:2）

国の歴史・概要

夏はラクロス、冬はアイスホッケー。

15世紀以降イギリスやフランスから移民が流入し、各地を植民地化。両国間の植民地戦争を経てイギリスの支配権が確立し、イギリス自治領となる。1926年に自治が認められ、1931年に実質的に独立。アイスホッケーは冬の国技で、2010年バンクーバー五輪では男女ともに金メダル獲得。

国旗の由来 ▶ 赤は第一次世界大戦で犠牲になったカナダ人の血を、白は雪を表す。中央にはカナダのシンボルでもあるメイプルリーフ（サトウカエデの葉）。

このスポーツ選手がすごい！

スティーブ・アイザーマン（アイスホッケー）

NHLデトロイト・レッドウイングスを常勝軍団へと導く。2002年のソルトレイクシティ五輪で代表チームを金メダルへと導いた国民的スター。2009年にはホッケーの殿堂入りを果たした。

DATA

建国年:1867年 国旗の制定年:1965年 面積:998万5,000平方キロメートル（日本の約27倍）人口:3,724万人（2018年）首都:オタワ 民族:イギリス系、フランス系ほか 言語:英語、フランス語が公用語 宗教:国民の67.3%がキリスト教徒（国民の39%がローマ・カトリック）国家元首:エリザベス二世女王 通貨:カナダ・ドル 在留邦人数:7万25人（2017年）在日カナダ人数:1万374人（2018年）時差:-14時間

■近代五輪メダル数

大会	夏	冬
金	64	73
銀	102	63
銅	134	64
合計	300	200

出場49回（夏26回／冬23回）

主な有名人 ニール・ヤング（ミュージシャン）セリーヌ・ディオン（歌手）

Republic of Cuba　　　キューバ共和国

キューバ

（比率 1:2）

///////////// 国の歴史・概要 /////////////

冷戦時はソ連側につき米国と断交に。

西インド諸島最大のキューバ島と周辺の約1500
の島々からなる国。1511年にスペインの植民地に。
その後、19世紀半ばから独立運動を展開。1902
年にアメリカの保護のもと独立。キューバ革命で
アメリカから卒業し、冷戦時はソ連側についた。
アメリカとは2015年に国交が回復。

国旗の由来 3本の青い横縞は独立運動時の3つの軍管
理地区を、2本の白い横縞は独立の精神を示す。赤
い三角形は平等を、白い星は自由を表している。

このスポーツ選手がすごい！

ミハイン・ロペス（レスリング）

レスリング男子グレコローマンスタイルで五輪3
大会連続金メダル獲得中。北京とロンドンは120
kg級、リオデジャネイロは130kg級。東京五輪では
4大会連続金メダルを狙う。

DATA

建国年：1902年 国旗の制定年：1902
年 面積：10万9,884平方キロメート
ル（本州の約半分）人口：1,148万人
（2017年）首都：ハバナ 民族：ヨー
ロッパ系（25％）、混血（50％）、ア
フリカ系（25％）言語：スペイン語
宗教：無宗教（55％）、カトリック
（40％）他 国家元首：ミゲル・ディ
アスカネル・ベルムデス国家評議
会議長 通貨：キューバ・ペソ及び兌
換（だかん）ペソ 在留邦人数：90
人（2019年）、日系人約1,200人 在
日キューバ人数：250人（2018年）
日本との国交樹立年：1929年 時差：
-14時間

■近代五輪メダル数

大会	夏	冬
金	77	0
銀	69	0
銅	74	0
合計	220	0

出場20回（夏20回/冬0回）

主な有名人 オレステス・デストラーデ（野球選手）　ユリオルキス・ガンボア（ボクシング選手）

Republic of Guatemala グアテマラ共和国

グアテマラ

（比率 5:8）

国の歴史・概要

各地に残るマヤ遺跡と内戦の爪痕。

古代マヤ文明の中心地として栄えたが、1523年にスペインに征服される。1821年に独立を宣言し、その後はメキシコによる併合、中央アメリカ連邦への参加を経て、1839年に単一国家として独立。コーヒーやバナナ、マヤ遺跡などで有名だが、内戦の爪痕も各地に残っている。

国旗の由来〉青は太平洋とカリブ海を、白は平和を表す。中央の国章に描かれているのは国鳥ケツァール。巻紙には独立した日付がスペイン語で記されている。

このスポーツ選手がすごい！

エリック・バロンド（陸上）

ロンドン五輪男子20km競歩で銀メダルを獲得、グアテマラに初の五輪メダルをもたらした。この銀メダルは、内戦後も不安定な状況が続くグアテマラの子どもたちに大きな勇気を与えた。

DATA

建国年：1838年 国旗の制定年：1997年 面積：10万8,889平方キロメートル（北海道と四国を合わせた広さよりやや大きい）人口：1,691万人（2017年）首都：グアテマラシティー 民族：マヤ系先住民（46%）、メスティソ・欧州系（30%）、その他（24%）言語：スペイン語（公用語）、その他22のマヤ系言語他あり 宗教：カトリック、プロテスタント等 国家元首：ジミー・エルネスト・モラレス・カブレラ大統領 通貨：ケツァル 在留邦人数：379人（2019年）在日グアテマラ人数：208人（2018年）日本との国交樹立年：1935年 時差：-15時間

■近代五輪メダル数

大会	夏	冬
金	0	0
銀	1	0
銅	0	0
合計	1	0

出場15回（夏14回／冬1回）

主な有名人 ミゲル・アンヘル・アストゥリアス（作家） ホルヘ・サルミエントス（作曲家）

195

Grenada グレナダ

グレナダ

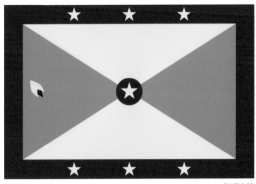

（比率 3:5）

カリブ海に浮かぶ「スパイスの島」

カリブ海東部に浮かぶグレナダ島と若干の島々からなる島国。ナツメグの産地として知られ、「スパイスの島」とも呼ばれている。16世紀からフランスに支配され、1783年にイギリスの植民地に。1967年にイギリス自治領となり、1974年にイギリス連邦の一員として独立した。

国旗の由来 黄色は知恵、緑は農業、縁取りの赤は勇気と活力を示す。7つの星は7地区から構成されていることを示す。旗竿側の意匠は特産物のナツメグの実。

このスポーツ選手がすごい！

キラニ・ジェームズ（陸上）

ロンドン五輪陸上男子400mでグレナダに初の金メダルをもたらした。このときなんと19歳。この栄誉を国民全体でたたえるため、ティルマン・トーマス首相はこの日の午後を半休日とした。

DATA

建国年：1974年 国旗の制定年：1974年 面積：340平方キロメートル（五島列島の福江島とほぼ同じ）人口：11万1,000人 首都：セントジョージズ 民族：アフリカ系（84.2%）、混血（13.3%）、東インド系（2.2%）ほか 言語：英語（公用語）、グレナダ・クレオール語 宗教：キリスト教など 国家元首：エリザベス二世女王 通貨：東カリブドル 在留邦人数：3人（2017年）在日グレナダ人数：2人（2018年）日本との国交樹立年：1975年 時差：-13時間

■近代五輪メダル数

大会	夏	冬
金	1	0
銀	1	0
銅	0	0
合計	2	0

出場9回（夏9回／冬1回）

ケイマン諸島

キューバ
大西洋
ケイマン諸島
コロンビア

（比率 1:2）

国の歴史・概要

ジャマイカ北西部に浮かぶ英領の3島。

ジャマイカの北西に位置するイギリス領の島群。グランドケイマン島、ケイマンブラック島、リトルケイマン島の3島からなる。1670年、スペイン領だったジャマイカがイギリス領となった際、同時にイギリス領に。1962年にジャマイカが独立するまではひとつの植民地だった。

国旗の由来 イギリス国旗と域章を合体。域章の盾には英国のライオン、カリブ海を表す波線、3島を表す3つの星。盾の上にパイナップルと緑ウミガメ。

このスポーツ選手がすごい！

ケマー・ハイマン（陸上）

男子100mケイマン諸島記録（9秒95）保持者にして、ケイマン諸島人として初めて10秒の壁を突破。ロンドン五輪では100m準決勝に進んだが、直前の故障で棄権を余儀なくされた。

DATA

国旗の制定年：1958年 面積：264平方キロメートル 人口：5万7,000人（2012年）首都：ジョージタウン 民族：混血（50％）、アフリカ系（30％）、イギリス系（20％）言語：英語（公用語）宗教：プロテスタント（85％）国家元首：エリザベス2世 通貨：ケイマン諸島・ドル 時差：-14時間

■近代五輪メダル数

大会	夏	冬
金	0	0
銀	0	0
銅	0	0
合計	0	0

出場12回（夏10回／冬2回）

主な有名人 カリーム・ストリートートンプソン（陸上選手） リー・ラムーン（サッカー選手）

Republic of Costa Rica コスタリカ共和国

コスタリカ

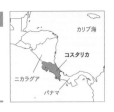

（比率 3:5）

国の歴史・概要

コーヒーとバナナで豊かになった国。

コスタリカはスペイン語で「豊かな海岸」の意。16世紀にスペインの植民地となり、1821年にグアテマラ総督領の一部として独立を宣言。一時メキシコ帝国に属したが、中央アメリカ連邦に参加、1848年に単一国家として独立。コーヒーとバナナで発展した中米2位の豊かな国。

国旗の由来 青は美しい空、白は平和、赤は自由のために流された血を表し、国章には3つの噴火する火山、2隻の帆船、州の数を示す7つの星が描かれる。

このスポーツ選手がすごい！

クラウディア・ポル（競泳）

アトランタ五輪女子200m自由形でコスタリカに初の金メダルをもたらし、シドニー五輪で銅メダル2個を獲得。姉のシルビア・ポルもソウル五輪女子200m自由形で銀メダルを獲得している。

DATA

建国年：1821年 国旗の制定年：1906年 面積：5万1,100平方キロメートル（九州と四国を合わせた面積）人口：494万人（2017年）首都：サンホセ 民族：スペイン系および先住民との混血（95％）、アフリカ系（3％）、先住民他（2％）言語：スペイン語 宗教：カトリック 国家元首：カルロス・アンドレス・アルバラード・ケサダ大統領 通貨：コロン 在留邦人数：386人（2016年）在日コスタリカ人数：158人（2017年）日本との国交樹立年：1935年 時差：-15時間

■近代五輪メダル数

大会	夏	冬
金	1	0
銀	1	0
銅	2	0
合計	4	0

出場21回（夏15回／冬6回）

主な有名人 フランクリン・チャン＝ディアス（宇宙飛行士） ケイラー・ナバス（サッカー選手）

Republic of Colombia　　　　コロンビア共和国

コロンビア

（比率 2:3）

国の歴史・概要

世界一のエメラルド産地として有名。

1810年、スペインからの独立を宣言。1819年にベネズエラとグラン・コロンビア共和国を建国するも1830年に解体、ヌエバ・グラナダ共和国となり、何度か国名を変えながら1886年に現国名に。コーヒー、エメラルド、カーネーションとバラの産地として有名。

国旗の由来 黄色と赤はスペイン国旗がモデルになっている。黄は新大陸を、赤はヨーロッパを、青は大西洋によって両者が結ばれるという意味を持つ。

このスポーツ選手がすごい！

マリア・イサベル・ウルティア（ウエイトリフティング）

ソウル五輪に女子砲丸投げと円盤投げで出場。シドニー五輪では女子ウエイトリフティング75kg級に出場、コロンビアに初の金メダルをもたらした。後に政治家に転身、2期務めている。

DATA

建国年：1810年 国旗の制定年：1863年 面積：113万9,000平方キロメートル（日本の約3倍）人口：4,965万人（2018年）首都：ボゴタ 民族：混血（75％）、ヨーロッパ系（20％）、アフリカ系（4％）、先住民（1％）言語：スペイン語 宗教：カトリック 国家元首：イバン・ドゥケ・マルケス大統領 通貨：ペソ 在留邦人数：1283人（2017年）在日コロンビア人数：2428人（2018年）日本との国交樹立年：1908年 時差：-14時間

■近代五輪メダル数

大会	夏	冬
金	5	0
銀	9	0
銅	14	0
合計	28	0

出場21回（夏19回／冬2回）

主な有名人 ハメス・ロドリゲス（リッカー選手）　ホセ・キンタナ（野球選手）

Jamaica　　　ジャマイカ

ジャマイカ

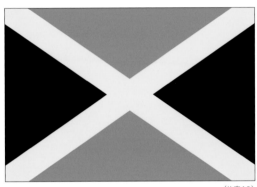

（比率 1:2）

<hr>

国の歴史・概要

レゲエとウサイン・ボルトを生んだ国。

キューバ南方のカリブ海に浮かぶ島国。スペイン領を経てイギリスの植民地に。1957年に自治権を獲得すると、翌年には西インド諸島連邦に加盟、1961年に脱退して62年に独立を果たす。レゲエを生んだ国であり、ウサイン・ボルトやボブスレーチームは世界的に有名。

国旗の由来 黒は克服すべき困難、黄は豊かな自然と太陽、緑は希望と農業、X十字はキリスト教信仰を表す。困難はあっても国は緑豊かで太陽は輝いているの意。

このスポーツ選手がすごい！

ウサイン・ボルト（陸上）

男子100m、200m、4×100mリレーの3冠を北京・ロンドン・リオデジャネイロ五輪と3大会連続で達成（後に北京でのリレー金メダルは剥奪）。これら競技の世界記録保持者だ。

DATA

建国年：1962年 国旗の制定年：1962年 面積：1万990平方キロメートル（秋田県とほぼ同じ大きさ）人口：239万4,000人（2018年）首都：キングストン 民族：アフリカ系（92.1％）、混血（6.1％）、その他（1.9％）言語：英語（公用語）、ジャマイカ・クレオール語 宗教：キリスト教（プロテスタント、英国国教会等）国家元首：エリザベス二世女王 通貨：ジャマイカドル 在留邦人数：187人（2017年）在日ジャマイカ人数：814人（2018年）日本との国交樹立年：1964年 時差：-14時間

■近代五輪メダル数

大会	夏	冬
金	22	0
銀	35	0
銅	20	0
合計	77	0

出場25回（夏17回／冬8回）

主な有名人 ボブ・マーリー（ミュージシャン）　ベロニカ・キャンベル＝ブラウン（陸上）

Republic of Suriname スリナム共和国

スリナム

（比率 2:3）

国の歴史・概要

南北アメリカで唯一のオランダ語圏。

1667年、イギリスの植民地からオランダ領に。1954年に自治権を獲得し、1975年に独立。南北アメリカ唯一のオランダ語圏で、面積・人口ともに南アメリカで最小の独立国。最も人気のあるスポーツはサッカーだが、有望な選手は旧宗主国であるオランダ代表を選択することが多い。

国旗の由来 緑は豊かな森林と国土、白は正義と自由、赤は独立や進歩、繁栄を表す。中央の星は未来への希望と同じ土地に住む多種多様な民族の団結の象徴。

このスポーツ選手がすごい！

アンソニー・ネスティ（競泳）

1988年ソウル五輪における競泳男子100mバタフライでスリナムに初の金メダルをもたらした。1992年バルセロナ五輪でも銅メダルを獲得。スリナムでただひとりの五輪メダリストである。

DATA

建国年：1975年 国旗の制定年：1975年 面積：16万3,820平方キロメートル（日本の約1/2）人口：57万6,000人 首都：パラマリボ 民族：ヒンドゥー系（27.4％）、マルーン系（21.7％）、クレオール系（15.7％）、ジャワ系（13.7％）、混血（13.4％）、その他 言語：オランダ語（公用語）、英語、スリナム語等 宗教：キリスト教（プロテスタント、カトリック等）、ヒンドゥー教、イスラム教等 国家元首：デシレ・デラノ・ボータッセ大統領 通貨：スリナム・ドル 在留邦人数：11人（2017年）在日スリナム人数：7人（2018年）日本との国交樹立年：1975年 時差：-12時間

■近代五輪メダル数

大会	夏	冬
金	1	0
銀	0	0
銅	1	0
合計	2	0

出場12回（夏12回／冬0回）

主な有名人 レティティア・フリースデ（陸上選手）　クリフトン・サントフリート（サッカー選手）

Saint Christopher and Nevis　セントクリストファー・ネービス

セントクリスト
ファー・ネービス

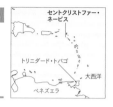

セントクリストファー・
ネービス

トリニダード・トバゴ

大西洋

ベネズエラ

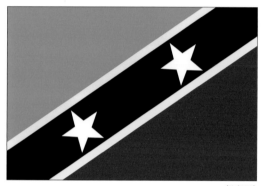

（比率 2:3）

国の歴史・概要

国を構成する2島の名を併せて命名。

セントクリストファー島（セントキッツ島）とネイビス島の2島からなるイギリス連邦の1国。1623年にイギリスの植民地、1967年に自治領となり、1983年にイギリス連邦の一員として独立。「アメリカ合衆国建国の父」のひとりアレクサンダー・ハミルトンの出生地。

国旗の由来 緑は国土、黄色は太陽、黒は国民のほとんどを占めるアフリカ系黒人、赤は独立闘争を表す。2つの白い星は、国家を構成する2つの島だ。

このスポーツ選手がすごい！

キム・コリンズ（陸上）

五輪でのメダル獲得こそないものの、世界選手権では男子100mで金メダル、200mと4×100mリレーで銅メダルを獲得。40歳と131日で五輪男子100m出場は五輪最年長記録。

DATA

建国年：1983年 国旗の制定年：1983年 面積：260平方キロメートル（西表島とほぼ同じ）人口：5万2,000人（2018年）首都：バセテール 民族：アフリカ系（92.5%）、混血（3.0%）、白人系（2.1%）、東インド系（1.5%）、その他 言語：英語（公用語）宗教：キリスト教（英国国教会、プロテスタント、カトリック等）等 国家元首：エリザベス二世女王 通貨：東カリブ・ドル 在留邦人数：5人（2017年）在日セントクリストファー・ネービス人数：7人（2018年）日本との国交樹立年：1985年 時差：-13時間

■近代五輪メダル数

大会	夏	冬
金	0	0
銀	0	0
銅	0	0
合計	0	0

出場6回（夏6回／冬0回）

Saint Vincent and the Grenadines　セントビンセント及びグレナディーン諸島

セントビンセント・グレナディーン

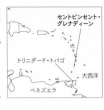

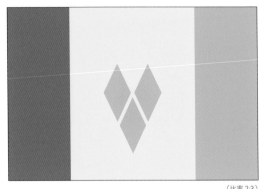

（比率 2:3）

国の歴史・概要

主島と600の小島からなる国。

主島のセントビンセント島（火山島）と約600の小島が連なるグレナディーン諸島（珊瑚礁）からなる国。イギリス領を経て1979年にイギリス連邦の一員として独立した。世界中で大ヒットした映画『パイレーツ・オブ・カリビアン』のロケ地として一躍有名になった。

国旗の由来　青は空とカリブ海、黄色は太陽と明るい国民性、緑は農産物と国民の活力を表す。中央の3つの菱形は聖人ビンセントの頭文字Vを意匠とした。

このスポーツ選手がすごい！

ウィリアムス・ニカ（バスケットボール）

2019年、日本に帰化したバスケットボール選手。アメリカの大学卒業後から四国や埼玉、広島や福島など日本でプレーし、東京五輪日本代表候補に。秋田ノーザンハピネッツ所属。

DATA

建国年:1979年 国旗の制定年:1985年 面積:390平方キロメートル（五島列島の福江島とほぼ同じ） 人口:11.0万人（2018年）首都:キングスタウン 民族:アフリカ系（72.8％）、混血（20％）、ヨーロッパ系（4％）、カリブ族（3.6％）、東インド系（1.4％）、その他 言語:英語（公用語）、セントビンセント・クレオール語 宗教:キリスト教等 国家元首:エリザベス二世女王 通貨:東カリブ・ドル 在留邦人数:7人（2017年）在日セントビンセント・グレナディーン人数:5人（2018年）日本との国交樹立年:1980年 時差:-13時間

■近代五輪メダル数

大会	夏	冬
金	0	0
銀	0	0
銅	0	0
合計	0	0

出場8回（夏8回/冬0回）

主な有名人　アドナル・フォイル（バスケットボール選手）　ケビン・リトル（ミュージシャン）

セントルシア

（比率1:2）

国の歴史・概要

世界遺産「ピトン山」で有名な島国。

ナポリ民謡『サンタ・ルチア』でも歌われているキリスト教の殉教者、聖ルシアが国名の由来。カリブ海ウィンドワード諸島にある島国で、海から突き出したふたつのユニークな火山「ピトン山」は世界遺産に登録されている。1979年、イギリス連邦の一員として独立した。

国旗の由来 ふたつの三角形はピトン山を表すと同時に希望のシンボル。青は大西洋とカリブ海、黄色は太陽、黒と白は黒人と白人の調和を示している。

このスポーツ選手がすごい！

ラヴァーン・スペンサー（陸上）

専門は女子走高跳。北京、ロンドン、リオデジャネイロと五輪3大会連続出場。特にリオ五輪では6位入賞を果たした。自己ベスト1m98はセントルシアの国内最高記録である。

DATA

建国年：1979年 国旗の制定年：2002年 面積：620平方キロメートル（淡路島とほぼ同じ）人口：18万1,000人（2018年）首都：カストリーズ 民族：アフリカ系（85.3％）、混血（10.9％）、東インド系（2.2％）、その他 言語：英語（公用語）、セントルシア・クレオール語 宗教：キリスト教（カトリック、プロテスタント、英国国教会等）等 国家元首：エリザベス二世女王 通貨：東カリブ・ドル 在留邦人数：29人（2017年）在日セントルシア人数：4人（2018年）日本との国交樹立年：1980年 時差：-13時間

■近代五輪メダル数

大会	夏	冬
金	0	0
銀	0	0
銅	0	0
合計	0	0

出場6回（夏6回／冬0回）

Republic of Chile チリ共和国

チリ

（比率 2:3）

国の歴史・概要

北は砂漠、南は氷河という細長い国。

南米大陸南西部、南北4300kmにわたって細長く伸びる。北部は砂漠地帯（ワインで有名）、南部は氷河地帯（マゼラン海峡）という多様な国土。16世紀にスペインの植民地となり、18世紀後半から独立の気運が高まった。1817年に自治政府を持つと、翌年には独立を果たした。

国旗の由来 > 青は澄んだチリの空、白はアンデス山脈の雪、赤は独立のために流された血を象徴している。白い星は国の進歩と名誉、国家統一への思いを表す。

このスポーツ選手がすごい！

ニコラス・マスー（テニス）

2004年のアテネ五輪にて、フェルナンド・ゴンザレスと組んだ男子ダブルスで金メダルを獲得すると、同大会の男子シングルスも制し、同一大会単複金メダルという偉業を達成した。

DATA

建国年：1818年 国旗の制定年：1817年 面積：75万6,000平方キロメートル（日本の約2倍）人口：1,873万人（2018年）首都：サンティアゴ 民族：スペイン系（75％）、その他の欧州系（20％）、先住民系（5％）言語：スペイン語 宗教：カトリック（全人口の88％）国家元首：セバスティアン・ピニェラ・エチェニケ大統領 通貨：ペソ 在留邦人数：1,655人（2017年）在日チリ人数：839人（2018年）日本との国交樹立年：1897年 時差：-13時間

■近代五輪メダル数

大会	夏	冬
金	2	0
銀	7	0
銅	4	0
合計	13	0

出場40回（夏23回／冬17回）

主な有名人 フェルナンド・ゴンザレス（テニス選手）　マルセロ・サラス（サッカー選手）

Dominican Republic ドミニカ共和国

ドミニカ共和国

（比率 2:3）

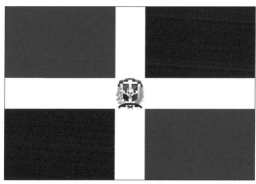

///////// **国 の 歴 史 ・ 概 要** /////////

イスパニョーラ島の3分の2を占める。

西インド諸島のイスパニョーラ島の東側3分の2を占める国。隣国はハイチ。スペイン、フランスの支配を経て1822年にハイチ領に。1844年に独立するも、1861年に再度スペイン領に。しかし4年後に独立を回復した。ドミニカ国と区別するために「共和国」をつけて呼ばれる。

国旗の由来〉赤は愛国者の血、青は自由、白は平和と尊厳を表す。国章の盾に聖書、十字架、6本の国旗。上部に「神・祖国・自由」と記されたリボンあり。

このスポーツ選手がすごい！

フェリックス・サンチェス（陸上）

2004年アテネ五輪男子400mハードルの金メダリスト。これがドミニカ共和国にとって初の金メダルとなった。2001年から2004年にかけて、400mハードルで破竹の43連勝を記録。

DATA

建国年：1844年 国旗の制定年：1863年 面積：4万8,442平方キロメートル（九州に高知県を合わせた広さ）人口：1,076万人（2017年）首都：サントドミンゴ 民族：混血（73％）、ヨーロッパ系（16％）、アフリカ系（11％）言語：スペイン語 宗教：カトリック 国家元首：ダニーロ・メディーナ・サンチェス大統領 通貨：ドミニカ・ペソ 在留邦人数：784人（2017年）在日ドミニカ共和国人数：553人（2018年）日本との国交樹立年：1934年 時差：-13時間

■近代五輪メダル数

大会	夏	冬
金	3	0
銀	2	0
銅	2	0
合計	7	0

出場14回（夏14回／冬0回）

Commonwealth of Dominica　　　　　ドミニカ国

ドミニカ国

（比率 1:2）

国の歴史・概要

ドミニカ島は「カリブ海の植物園」。

カリブ海ウィンドワード諸島最北部に浮かぶドミニカ島全域を領土とする国。1805年にイギリス領となり、1958年には西インド諸島連邦に加盟。1967年に自治領となると1978年にイギリス連邦の一員として独立。多種多様な植物が自生する「カリブ海の植物園」。

国旗の由来〉緑は森林、赤は社会主義、黄は柑橘類、黒は国土、白は滝と川を表す。鳥は国鳥ミカドボウシインコ、10個の星は国を構成する10地区を示す。

このスポーツ選手がすごい！

クリス・ロイド（陸上）

ドミニカ国出身の両親を持つ米生まれ米育ちのスプリンター（国籍はドミニカ）。北京五輪男子200mに出場するも予選落ち。自己ベスト100m10秒33、200m20秒31はドミニカ国記録。

DATA

建国年：1978年 国旗の制定年：1990年 面積：750平方キロメートル（奄美大島とほぼ同じ）人口：7万1,000人（2018年）首都：ロゾー民族：アフリカ系（86.6％）、混血（9.1％）、カリブ族（2.9％）、その他 言語：英語（公用語）、フランス語系パトワ語 宗教：キリスト教（カトリック、プロテスタント等）等 国家元首：チャールズ・サバリン大統領 通貨：東カリブ・ドル 在留邦人数：0人（2017年）在日ドミニカ国人数：10人（2018年）日本との国交樹立年：1978年 時差：-13時間

■近代五輪メダル数

大会	夏	冬
金	0	0
銀	0	0
銅	0	0
合計	0	0

出場7回（夏6回／冬1回）

主な有名人 ジョルダニス・ドゥラニョーナ（陸上選手） ユ ジューノ・チャールズ（元首相）

Republic of Trinidad and Tobago トリニダード・トバゴ共和国

トリニダード・トバゴ

（比率 3:5）

/////// **国の歴史・概要** ///////

カリブ諸国ナンバーワンの経済国。

西インド諸島南端のトリニダード島とトバゴ島からなる国。スペイン、オランダ、フランスなどの支配を経てイギリス領となった両島は1889年に統合され、1962年にイギリス連邦の一員として独立した。石油産業の成功により、近年はカリブ諸国随一の経済力を誇る。

国旗の由来 黒は国民の統一への努力と天然資源（石油など）や富を、赤は太陽の恵みや国民の友愛と勇気を、白は海と平等、そしてふたつの島を表している。

このスポーツ選手がすごい！

リチャード・トンプソン（陸上）

2008年北京五輪の男子100mでウサイン・ボルトに敗れたものの自己ベスト9秒89で銀メダルを獲得。同大会4×100mリレーの2位に貢献、その後ジャマイカのドーピング違反で金メダルに。

DATA

建国年：1962年 国旗の制定年：1962年 面積：5,130平方キロメートル（千葉県よりやや大きい）人口：139万人（2018年）首都：ポート・オブ・スペイン 民族：インド系（35.4％）、アフリカ系（34.2％）、混血（23％）、その他（7.5％）言語：英語（公用語）、ヒンディー語、フランス語、スペイン語等 宗教：キリスト教、ヒンドゥー教、イスラム教等 国家元首：ポーラ＝メイ・ウィークス大統領 通貨：トリニダード・トバゴ・ドル 在留邦人数：75人（2017年）在日トリニダード・トバゴ人数：148人（2018年）日本との国交樹立年：1964年 時差：-13時間

■近代五輪メダル数

大会	夏	冬
金	2	0
銀	6	0
銅	11	0
合計	19	0

出場20回（夏17回／冬3回）

主な有名人 エマヌエル・カランダー（陸上選手）　ヘイズリー・クロフォード（陸上選手）

IOCコード：NCA

Republic of Nicaragua　　　　　ニカラグア共和国

ニカラグア

ホンジュラス
カリブ海
ニカラグア
コスタリカ

（比率 3:5）

国の歴史・概要

中米中央部にある野球と拳闘の国。

スペインの植民地を経て、1821年にグアテマラ総督領の一部として独立を宣言、一時メキシコ帝国に属すも、1823年に中央アメリカ連邦に所属し、1838年単一国家として独立した。スポーツは1番人気が野球、2番人気がボクシング。ともに世界的プレーヤーが育っている。

国旗の由来〉青は太平洋とカリブ海、白は国土を表す。国章は平等を示す三角形の中に連邦5ヶ国を示す5つの火山と自由のシンボルの赤い帽子がある。

このスポーツ選手がすごい！

ジョナサン・ロアイシガ（野球）

ニューヨーク・ヤンキース所属。2018年に田中将大のDL入りと入れ替わる形でメジャー先発デビュー。まだ谷間の先発や中継ぎが多いが、東京五輪や次回WBCでは代表の中心選手となりそう。

DATA

建国年：1821年 国旗の制定年：1971年 面積：13万370平方キロメートル（北海道と九州を合わせた広さ）人口：646万人（2018年）首都：マナグア 民族：混血70％、ヨーロッパ系17％、アフリカ系9％、先住民4％ 言語：スペイン語 宗教：カトリック、プロテスタント等 国家元首：ダニエル・オルテガ・サアベドラ大統領 通貨：コルドバ 在留邦人数：101人（2019年）在日ニカラグア人数：114人（2018年）日本との国交樹立年：1935年 時差：-15時間

■ 近代五輪メダル数

大会	夏	冬
金	0	0
銀	0	0
銅	0	0
合計	0	0

出場12回（夏12回／冬0回）

主な有名人 デニス・マルティネス（野球選手）　アレクシス・アルゲリョ（ボクシング選手）

Republic of Haiti ハイチ共和国

ハイチ

大西洋
キューバ
ハイチ ドミニカ共和国
ジャマイカ

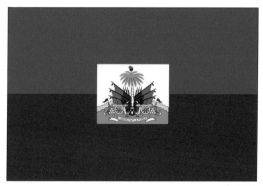

（比率 3:5）

国の歴史・概要

世界初の黒人国家として独立した国。

イスパニョーラ島の西側3分の1を占める国。スペイン領を経て1697年に西側がフランス領に。奴隷として連れてこられたアフリカ系黒人の独立運動が18世紀末から起こり、1804年に世界初の黒人国家として独立を果たした。人気スポーツはバスケットボールとサッカー。

国旗の由来 青は黒人、赤は白人と黒人の混血ムラートを表す。国章には「自由の帽子」のついた椰子の木、国旗や武器、標語「団結は力なり」が記されている。

このスポーツ選手がすごい！

シルヴィオ・カトール（陸上）

サッカー選手だったが、1924年のパリ五輪で走高跳と走幅跳にエントリー。それぞれ15位と12位に終わるも1928年のアムステルダム五輪では走幅跳で7m58を記録し銀メダルに輝いた。

DATA

建国年：1804年 国旗の制定年：1986年 面積：2万7,750平方キロメートル（北海道の約3分の1程度の面積） 人口：1,112万3,000人（2018年） 首都：ポルトープランス 民族：アフリカ系（95％）、その他（5％）言語：フランス語、ハイチ・クレオール語（共に公用語）宗教：キリスト教（カトリック、プロテスタント等）、ブードゥー教等 国家元首：ジョヴネル・モイーズ大統領 通貨：グルド 日本との国交樹立年：1956年（再開）時差：-14時間

■近代五輪メダル数

大会	夏	冬
金	0	0
銀	1	0
銅	1	0
合計	2	0

出場15回（夏15回／冬0回）

主な有名人 トゥーサン・ルーヴェルチュール（ハイチ革命指導者） ヨール・デロス（歌手）

Republic of Panama　　　　　パナマ共和国

パナマ

コスタリカ　パナマ　コロンビア

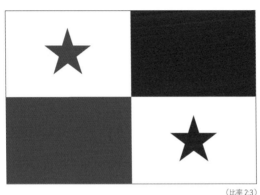

（比率 2:3）

国の歴史・概要

中米南端のボクシングと野球の国。

中央アメリカの南端にある。16世紀からスペインの支配を受け、1821年からはコロンビアの一部。1903年、パナマ運河建設を推進するアメリカの支援のもと分離独立。スポーツはボクシングや野球などが人気。特にボクシングは20人以上の世界チャンピオンを輩出している。

国旗の由来　赤と青は2大政党の自由党と保守党を示し、白は両党の協力と平和を表す。青い星は市民の徳、赤い星は市民を守る権威と法律を意味する。

このスポーツ選手がすごい！

アービング・サラディノ（陸上）

2007年の世界陸上で男子走幅跳に出場、自身の南米記録を更新する8m57で優勝すると、2008年に世界歴代7位となる8m73、同年の北京五輪でパナマに初の金メダルをもたらした。

DATA

建国年：1903年 国旗の制定年：1903年 面積：7万5,517平方キロメートル（北海道よりやや小さい）人口：418万人（2018年）首都：パナマシティー 民族：混血70%、先住民7%ほか 言語：スペイン語 宗教：カトリック 国家元首：ラウレンティーノ・コルティソ・コーエン大統領 通貨：バルボア（硬貨のみ）、アメリカ・ドル 在留邦人数：388人（2017年）在日パナマ人数：54人（2017年）日本との国交樹立年：1904年 時差：-14時間

■近代五輪メダル数

大会	夏	冬
金	1	0
銀	0	0
銅	2	0
合計	3	0

出場17回（夏17回／冬0回）

主な有名人　ロベルト・デュラン（ボクシング選手）　マリアノ・リベラ（野球選手）

ASIA
EUROPE
OCEANIA
AFRICA
AMERICA

Commonwealth of The Bahamas バハマ国

バハマ

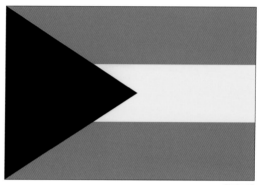

（比率 1:2）

////// **国の歴史・概要** //////

700の島々と2000の珊瑚礁＆岩礁。

米フロリダ半島南東の太平洋上に点在する約700の島々と2000以上の珊瑚礁や岩礁からなる国。1783年に英領となり、1964年自治領になると1973年にイギリス連邦の一員として独立。五輪メダルのほとんどが陸上競技の400mや4×400mリレーという、400m王国でもある。

国旗の由来 ユニークな藍緑色はバハマ諸島を囲む美しい海を、黄色は砂浜と太陽を、黒は国民の活力を表す。三角形は天然資源を開発する国民の決意を示す。

このスポーツ選手がすごい！

ショーナ・ミラー（陸上）

2016年リオ五輪の女子400mでゴールにダイブ（ヘッドスライディング）して金メダルを獲得し、話題になった。東京五輪でも400mと4×400mリレーへの出場が期待されている。

DATA

建国年：1973年 国旗の制定年：1973年 面積：1万3,880平方キロメートル（700余りの小島から成る。福島県とほぼ同じ）人口：38万5,000人（2018年）首都：ナッソー 民族：アフリカ系（90.6％）、欧州系白人（4.7％）、混血（2.1％）、その他 言語：英語（公用語）宗教：キリスト教（プロテスタント，英国国教会，カトリック等）国家元首：エリザベス二世女王 通貨：バハマ・ドル 在留邦人数：19人（2017年）在日バハマ人数：20人（2018年）日本との国交樹立年：1975年 時差：-14時間

■近代五輪メダル数

大会	夏	冬
金	6	0
銀	2	0
銅	6	0
合計	14	0

出場16回（夏16回/冬0回）

Bermuda　　　　　　　　　　　　　バミューダ

バミューダ

アメリカ　バミューダ
キューバ

（比率 1:2）

国の歴史・概要

バミューダトライアングルでも有名。

バミューダ島を中心として約300の珊瑚礁の島々からなる。1609年、イギリスから北米バージニア植民地に向かう8隻のうち1隻が難破し、バミューダ島に定住。1684年、正式にイギリスの領土に。岩礁や浅瀬が多いため沈没事故も多く「魔の海域」とも呼ばれている。

国旗の由来〉旗竿側上部に英国旗、旗尾側に域章。赤いライオンが抱える盾には1609年、バージニアに向かう途中難破したシーベンチャー号が描かれている。

このスポーツ選手がすごい！

クラレンス・ヒル（ボクシング）

1976年モントリオール五輪にて、ボクシングヘビー級で銅メダルを獲得。バミューダに初めての、そして今のところ唯一の五輪メダルをもたらし、バミューダの英雄と呼ばれている。

DATA

建国年：1684年 国旗の制定年：1910年 面積：約54平方キロメートル 人口：約7万人 首都：ハミルトン 民族：アフリカ系（60％）、混血、白人 言語：英語、ポルトガル語 宗教：プロテスタント、カトリックほか 国家元首：エリザベス二世女王 通貨：バミューダ・ドル 時差：-13時間

■近代五輪メダル数

大会	夏	冬
金	0	0
銀	0	0
銅	1	0
合計	1	0

出場26回（夏18回／冬8回）

主な有名人 ダイアナ・ダグラス（女優） レナ・ヘデ（女優）

Republic of Paraguay　　　　パラグアイ共和国

パラグアイ

ブラジル
ボリビア
パラグアイ
アルゼンチン

（比率 3:5）

国の歴史・概要

南米大陸中部に位置するマテ茶の国。

南アメリカ中部の内陸国。16世紀以降スペインの支配下に置かれたが、1811年に独立を宣言、2年後には共和国体制に。1936年以来日本人の移民が増加し、今や日系人は7000人を超えるほどに。マテ茶の消費量は南米一、お茶の消費量は世界一。国民的スポーツはサッカー。

国旗の由来 表と裏の図柄が異なる珍しい国旗。表は独立を記念する「5月の星」が描かれた国章、裏は「自由の帽子」とライオンの描かれた国庫の印章だ。

このスポーツ選手がすごい！

ホセ・カルドーソ（サッカー）

U-23パラグアイ代表FWとして2004年のアテネ五輪にオーバーエイジ枠で出場、チームを準優勝に導いた。パラグアイ初の、そして今のところ唯一の五輪メダル獲得に貢献したヒーロー。

DATA

建国年：1811年 国旗の制定年：2013年 面積：40万6,752平方キロメートル（日本の約1.1倍）人口：696万人（2018年）首都：アスンシオン 民族：混血（白人と先住民）（95％）、先住民（2％）、欧系人（2％）、その他（1％）言語：スペイン語、グアラニー語（ともに公用語）宗教：主にカトリック 国家元首：マリオ・アブド・ベニテス大統領 通貨：グアラニー 在留邦人数：4,410人（2017年）在日パラグアイ人数：2,090人（2018年）日本との国交樹立年：1919年 時差：-13時間

■近代五輪メダル数

大会	夏	冬
金	0	0
銀	1	0
銅	0	0
合計	1	0

出場13回（夏12回／冬1回）

Barbados バルバドス

バルバドス

（比率 2:3）

国の歴史・概要

カリブ海に浮かぶリトルイングランド。

カリブ海東部、西インド諸島の東端にあるバルバドス島からなる国。17世紀にイギリス領となり、1961年に自治領となると1966年にイギリス連邦の一員として独立した。イギリス文化が深く浸透しているためリトルイングランドと呼ばれる。人気スポーツはクリケット。

国旗の由来 青はカリブ海と大空、黄色は黄金色の砂浜を表す。中央の三又鉾は海神ネプチューンのシンボル。鉾の柄がないのは植民地との決別を表すため。

このスポーツ選手がすごい！

オバデレ・トンプソン（陸上）

2000年のシドニー五輪において男子100mでモーリス・グリーン、アト・ボルドンに次ぐ銅メダルを獲得。バルバドスに初の、そして今のところ唯一のメダルをもたらした国民的英雄。

DATA

建国年：1966年 国旗の制定年：1966年 面積：430平方キロメートル（種子島とほぼ同じ）人口：28万6,000人（2018年）首都：ブリッジタウン 民族：アフリカ系（92.4%）、混血（3.1%）、白人系（2.7%）、東インド系（1.3%）、その他 言語：英語（公用語）宗教：キリスト教（英国国教会、プロテスタント、カトリック）、その他 国家元首：エリザベス二世女王 通貨：バルバドス・ドル 在留邦人数：29人（2017年）在日バルバドス人数：34人（2018年）日本との国交樹立年：1967年 時差：-13時間

■近代五輪メダル数

大会	夏	冬
金	0	0
銀	0	0
銅	1	0
合計	1	0

出場12回（夏12回/冬0回）

主な有名人 ガーフィールド・ソバーズ（クリケット選手）　リアーナ（歌手、モデル）

Commonwealth of Puerto Rico　プエルトリコ

プエルトリコ

キューバ
プエルトリコ
ベネズエラ

（比率 2:3）

国の歴史・概要

カリブ海に浮かぶアメリカ領自治地域。

カリブ海北東部のプエルトリコ本島と周辺の小島からなるアメリカ合衆国の自治領。スペイン領を経て1898年にアメリカ領となり、1952年に自治が認められた。野球やバスケットボール、ボクシングなどが盛んで、多くの世界的プレーヤーや世界チャンピオンを輩出している。

国旗の由来〉白い星はプエルトリコ、青い三角形は政府の立法・司法・行政部を表す。3本の赤い縞は国民の血、2本の白い縞は人権と個人の自由を表す。

このスポーツ選手がすごい！

モニカ・プイグ（テニス）

2016年のリオ五輪テニス女子シングルスでペトラ・クビトバやアンゲリク・ケルバーらを破って金メダルを獲得。プエルトリコに五輪初の、そして今のところ唯一の金メダルをもたらした。

DATA

建国年：1952年 国旗の制定年：1952年 面積：9,104平方キロメートル（四国の半分程度）人口：367万人 首都：サンフアン 民族：スペイン系、アフリカ系、中国系ほか 言語：スペイン語、英語（公用語）宗教：キリスト教（カトリック、プロテスタントほか）国家元首：ドナルド・トランプ大統領 通貨：アメリカ・ドル 時差：-13時間

■近代五輪メダル数

大会	夏	冬
金	1	0
銀	2	0
銅	6	0
合計	9	0

出場25回（夏18回／冬7回）

主な有名人 ウィルフレド・バスケス（ボクシング選手）　ネフタリ・ソト（野球選手）

IOCコード：BRA

Federative Republic of Brazil　ブラジル連邦共和国

ブラジル

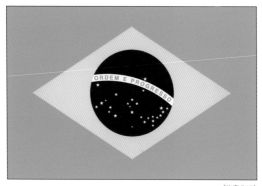

（比率 7:10）

国の歴史・概要

言わずと知れた世界一のサッカー大国。

南アメリカ大陸最大の面積を持つ国。ポルトガルの植民地を経て1822年にブラジル帝国として独立。1889年の共和革命以降はブラジル合衆国、1967年に現在のブラジル連邦共和国に改称。スポーツはサッカー、バスケット、テニス、バレー、モータースポーツなどが人気。

国旗の由来 青い天球の中にある27個の星は州の数を示し、白い帯には国の標語「秩序と進歩」が記されている。緑は自然、黄色は資源を表している。

このスポーツ選手がすごい！

ネイマール・ジュニオール（サッカー）

2016年リオ五輪にオーバーエイジ枠で出場、チームを金メダルに導いた。意外にもブラジルは五輪初優勝。自身の負傷欠場で大敗したW杯準決勝のドイツ戦のリベンジを果たし、号泣した。

DATA

建国年：1822年 国旗の制定年：1992年 面積：851万2,000平方キロメートル（日本の22.5倍）人口：2億947万人（2018年）首都：ブラジリア 民族：欧州系（約48％）、アフリカ系（約8％）、東洋系（約1.1％）、混血（約43％）、先住民（約0.4％）（2010年）言語：ポルトガル語 宗教：カトリック、プロテスタント、無宗教 国家元首：ジャイル・メシアス・ボルソナーロ大統領 通貨：レアル 在留邦人数：5万2,426人（2017年）在日ブラジル人数：20万1,865人（2018年）日本との国交樹立年：1895年 時差：-12時間

■近代五輪メダル数

大会	夏	冬
金	30	0
銀	36	0
銅	62	0
合計	128	0

出場30回（夏22回／冬8回）

主な有名人 アイルトン・セナ（F1ドライバー）　ロナウド（サッカー選手）

217

Virgin Islands the United States　　米領バージン諸島

米領バージン諸島

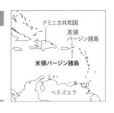

ドミニカ共和国
英領
バージン諸島
米領バージン諸島
ベネズエラ

（比率 2:3）

国の歴史・概要

バージン諸島の西半分はアメリカ領。

約50の島々からなる米領バージン諸島は、西イン
ド諸島にあるバージン諸島の西半分。東半分は英
領だ。もともとデンマーク領だったが、1917年に
アメリカが買い取った。1932年、島民たちはアメ
リカの市民権と自治政府を勝ち取った。メインの
3島以外はほとんどが無人島。

国旗の由来 VIはバージンアイランズの頭文字。白は純
粋さを、月桂樹の葉は勝利と栄光を、3本の矢は主要
3島を表す。鷲が米国旗を単純化した盾を抱く。

このスポーツ選手がすごい！

ジャバリ・ブラッシュ（野球）

パドレス、ヤンキース、エンゼルスを経て、2019
年から東北楽天ゴールデンイーグルスの一員に。
独特な打撃スタイルで来日1年目から主軸として
チームのAクラス入りに貢献した。

DATA

建国年:1917年 国旗の制定年:1921
年 面積:347平方キロメートル 人
口:10万4,000人（2018年）首 都:
シャーロット・アマリー 民族:アフリ
カ系、混血 言語:英語（公用語）、パ
トワ 宗教:キリスト教 国家元首:ド
ナルド・トランプ大統領 通貨:アメ
リカ・ドル 時差:-13時間

■近代五輪メダル数

大会	夏	冬
金	0	0
銀	1	0
銅	0	0
合計	1	0

出場19回（夏12回／冬7回）

IOCコード：VEN

Bolivarian Republic of Venezuela ベネズエラ・ボリバル共和国

ベネズエラ

（比率 2:3）

国の歴史・概要

解放者シモン・ボリバルの名を継承。

南米大陸最北部に位置する。15世紀からスペインの植民地となり、1819年にコロンビアとともにグラン・コロンビア共和国を結成、1830年に分離独立した。国名の一部「ボリバル」は南米アンデス5国をスペインから独立に導いた解放者シモン・ボリバルの名が由来。

国旗の由来 黄色は豊かな天然資源を、青はカリブ海を、赤は独立闘争で流された血を表す。8つの白い星は独立当初の州の数にガイアナを加えたもの。

このスポーツ選手がすごい！

フランシスコ・ロドリゲス（ボクシング）

1968年メキシコシティ五輪のボクシングにおいて、男子ライトフライ級で金メダルを獲得、ベネズエラに初の金メダルをもたらした。1988年、同国スポーツの殿堂入り。

DATA

建国年:1830年 国旗の制定年:2006年 面積:91万2,050平方キロメートル（日本の約2.4倍）人口:3,102万人（2018年）首都:カラカス 民族:混血（51.6%）、白人（43.6%）、黒人（2.9%）、アフリカ系（0.7%）、その他（1.2%）言語:スペイン語（公用語）、先住民の諸言語 宗教:カトリック 国家元首:ニコラス・マドゥーロ・モロス大統領 通貨:ボリバル・フエルテ 在留邦人数:352人（2017年）在日ベネズエラ人数:378人（2017年）日本との国交樹立年:1938年（1952年再開）時差:-13時間

■近代五輪メダル数

大会	夏	冬
金	2	0
銀	3	0
銅	10	0
合計	15	0

出場22回（夏18回／冬4回）

主な有名人 アレックス・カブレラ（野球選手） アレックス・ラミレス（野球選手）

219

Belize ベリーズ

ベリーズ

（比率 2:3）

////// **国の歴史・概要** //////

「カリブの宝石」と呼ばれる国。

中央アメリカのユカタン半島南東部にある国。17世紀以降、イギリス人が入植。1862年にジャマイカの付属領としてイギリスの植民地に。1884年から英領ホンジュラスと呼ばれたが、1973年にベリーズと改称し、1981年に独立した。海と珊瑚礁に恵まれた「カリブの宝石」。

国旗の由来 上下の赤帯は国を守る決意を、青はカリブ海を表す。中央の紋章にはマホガニーと先住民、独立運動が始まった1950年を示す50枚の月桂樹の葉。

このスポーツ選手がすごい！

ブランドン・ジョーンズ（陸上）

2016年リオデジャネイロ五輪においてベリーズ選手団の開会式旗手を務めた男子200mの選手。競技は21秒49で8着と予選で敗退したが、東京五輪ではベリーズ初の五輪メダルを狙う。

DATA

建国年：1981年 国旗の制定年：1981年 面積：2万2,970平方キロメートル（四国より少し大きい）人口：38万3,000人（2018年）首都：ベルモパン 民族：メスティーソ（52.9%）、クレオール（25.9%）、マヤ（11.3%）、ガリフナ（6.1%）、東インド系（3.9%）他 言語：英語（公用語）、スペイン語、ベリーズ・クレオール語、モパン語等 宗教：キリスト教（カトリック、プロテスタント、英国国教会等）等 国家元首：エリザベス二世女王 通貨：ベリーズ・ドル 在留邦人数：45人（2017年）在日ベリーズ人数：9人（2018年）日本との国交樹立年：1982年 時差：-15時間

■近代五輪メダル数

大会	夏	冬
金	0	0
銀	0	0
銅	0	0
合計	0	0

出場12回（夏12回／冬0回）

主な有名人 シェーン・オリオ（サッカー選手） マリオン・ジョーンズ（陸上選手）

Republic of Peru　　　　　　　　　　　　ペルー共和国

ペルー

（比率 2:3）

国の歴史・概要

日系人10万人は世界3番目の多さ。

13世紀にインカ帝国が栄えたが、1533年スペイン人に滅ぼされ、その支配下に。スペイン独立戦争を経て1821年に独立を宣言。日本との外交関係設立は1873年と中南米で最も早く、2009年には移住110周年記念式典も開催。日系人は推定10万人（世界3番目の規模）。

国旗の由来〉紋章に描かれたペルー特産の動植物（リャマとキナ）と、その下の角からあふれた金貨は国の豊かさを表す。赤と白は自由と平和を象徴している。

このスポーツ選手がすごい！

エドウィン・バスケス（射撃）

1948年のロンドン五輪にて射撃競技で金メダルを獲得。これがペルー初の、そして今のところ唯一の金メダル。1984年のロス五輪では役員としてペルー選手団の旗手も務めている。

DATA

建国年：1821年 国旗の制定年：1825年 面積：129万平方キロメートル（日本の約3.4倍）人口：3,199万人（2018年）首都：リマ 民族：先住民（45％）、混血（37％）、欧州系（15％）、その他（3％）言語：スペイン語（他にケチュア語、アイマラ語等）宗教：大多数はカトリック 国家元首：マルティン・アルベルト・ビスカラ・コルネホ大統領 通貨：ソル 在留邦人数：3,410人（2017年）在日ペルー人数：4万8,362人（2018年）日本との国交樹立年：1873年 時差：-14時間

■近代五輪メダル数

大会	夏	冬
金	1	0
銀	3	0
銅	0	0
合計	4	0

出場20回（夏18回／冬2回）

主な有名人 アルベルト・フジモリ（元大統領）　バルカス・リョサ（作家）

221

Plurinational State of Bolivia ボリビア多民族国

ボリビア

（比率 2:3）

国の歴史・概要

解放者シモン・ボリバルから命名。

南米大陸中央部の内陸国。15世紀はインカ帝国の一部だったが、16世紀からはスペインの植民地になり、アルト・ペルーと呼ばれた。1825年に独立を果たし、ラテンアメリカ5ヶ国をスペインから独立させた解放者シモン・ボリバルの名にちなみ、国名をボリビアとした。

国旗の由来 赤は犠牲と勇気、黄は鉱物資源、緑は国土を表す。国章の盾には国の風景。州の数を示す10の星と国鳥アンデスコンドルなども描かれている。

このスポーツ選手がすごい！

ミゲル・エンジェル・ナバロ（競泳）

2008年北京五輪にて男子100m自由形に出場。「愛する私の国ボリビアの代表として参加できることが最大の誇りであり私のモチベーションです」と語る五輪CMが国内で話題になった。

DATA

建国年：1825年 国旗の制定年：1961年 面積：110万平方キロメートル（日本の約3倍）人口：1,135万人（2018年）首都：ラパス（憲法上はスクレ）民族：先住民（41％）、非先住民（59％）言語：スペイン語及びケチュア語、アイマラ語を中心に先住民言語36言語 宗教：カトリック（95％）通貨：ボリビアノス 在留邦人数：3,021人（2017年）在日ボリビア人数：5,858人（2018年）日本との国交樹立年：1914年 時差：-13時間

■近代五輪メダル数

大会	夏	冬
金	0	0
銀	0	0
銅	0	0
合計	0	0

出場20回（夏14回／冬6回）

Republic of Honduras ホンジュラス共和国

ホンジュラス

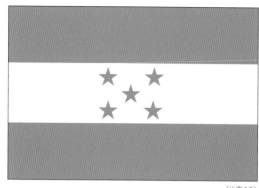

（比率 1:2）

国の歴史・概要

5つ星は同期の桜＝中米連邦加盟国。

中央アメリカ中部の大陸部とカリブ海沿岸の2つの諸島からなる国。16世紀にスペインの植民地となり、1821年にグアテマラ総督領の一部として独立を宣言。一時メキシコ帝国に属したが、1823年に中米連邦共和国に加盟すると、1838年に単一国家として独立を果たした。

国旗の由来 5つの星は中米連邦5ヶ国（ホンジュラスが中央、グアテマラ、エルサルバドル、ニカラグア、コスタリカ）。青・白・青の地色は中米連邦共通。

このスポーツ選手がすごい！

テオフィモ・ロペス（ボクシング）

米国の五輪選考会で優勝するもなぜか代表落ち。そこで両親の出身国であるホンジュラス国籍を選んでリオ五輪に出場したが男子ライト級1回戦で疑惑の判定負けに泣いた。

DATA

建国年：1821年 国旗の制定年：1949年 面積：11万2,490平方キロメートル（日本の約1/3弱）人口：927万人（2017年）首都：テグシガルパ 民族：ヨーロッパ系・先住民混血（91%）、その他（先住民6%、アフリカ系2%、ヨーロッパ系1%）言語：スペイン語 宗教：カトリック 国家元首：フアン・オルランド・エルナンデス・アルバラード大統領 通貨：レンピーラ 在留邦人数：192人（2018年）在日ホンジュラス人数：182人（2018年）日本との国交樹立年：1935年 時差：-15時間

■近代五輪メダル数

大会	夏	冬
金	0	0
銀	0	0
銅	0	0
合計	0	0

出場12回（夏11回／冬1回）

主な有名人 アンディ・ナハル タビド・スアソ ケビン・エルナンデス（いずれもサッカー選手） 223

United Mexican States メキシコ合衆国

メキシコ

（比率 4:7）

マヤやアステカの古代文明遺産が点在。

マヤ文化やアステカ文化が栄えたことで知られる。1521年から300年にわたってスペインの植民地に。1810年に独立戦争が始まり、1821年にメキシコ帝国として独立。1824年に連邦制の合衆国となった。スポーツはサッカー、野球、ボクシング、プロレスなどが人気。

国旗の由来〉地色の緑は独立と希望、白は信仰、赤は民族統一を意味する。中央の国章には蛇をくわえた国鳥の鷲。アステカ時代の建国伝説に基づいている。

このスポーツ選手がすごい！

ラウル・ゴンザレス（陸上）

1978年に男子50km競歩で2度の世界記録更新を果たすと、1984年のロス五輪にて50km競歩で金メダル、20km競歩で銀メダルを獲得。五輪初の競歩2種目メダリストとなった国民的英雄。

DATA

建国年：1821年 国旗の制定年：1968年 面積：196万平方キロメートル（日本の約5倍）人口：1億2,619万人（2018年）首都：メキシコシティ 民族：欧州系（スペイン系等）と先住民の混血（60％）、先住民（30％）、欧州系（スペイン系等）（9％）、その他（1％）言語：スペイン語 宗教：カトリック（国民の約9割）国家元首：アンドレス・マヌエル・ロペス・オブラドール大統領 通貨：メキシコ・ペソ 在留邦人数：1万1,775人（2018年）在日メキシコ人数：2,696人（2018年）日本との国交樹立年：1888年 時差：-15時間

■近代五輪メダル数

大会	夏	冬
金	13	0
銀	24	0
銅	32	0
合計	69	0

出場32回（夏23回／冬9回）

アメリカのスポーツ

　夏季五輪のメダル獲得数でナンバーワンを誇る「スポーツ大国」アメリカが牽引する同地域だが、「アメリカ大陸」と括った場合、南北にまたがっている地理的な事情もあって地域によって人気のあるスポーツも大きく変わってくる。いわゆる北米に位置するアメリカ、カナダは世界各国と比較しても独自のスポーツ文化を持つのが特徴。その代表例がアメリカンフットボールだ。特にアメリカでは断トツの人気を誇るが、他国ではほとんど普及していない。これに野球、バスケットボール、アイスホッケーを加えて「北米4大スポーツ」と呼ばれるが、世界的に最も多くの競技人口を誇るサッカーはマイナースポーツの域を出ていない。

　一方の南米ではそのサッカーが国民的な人気を誇る。欧州の主要リーグでプレーするトッププレイヤーを常に輩出し続け、王国・ブラジルを筆頭にアルゼンチンなど、W杯でも上位常連国を擁する。

　カリブ海に面する中米諸国は、陸上王国・ジャマイカなどが有名だが、野球でも多くのメジャーリーガー、世界的選手を多く輩出している。メキシコ以外は人口の少ない島国がほとんどだが、五輪メダリストも多く、そのポテンシャルの高さは世界からも大きな注目を集めている。

■アメリカ大陸で行われた主要スポーツ国際大会

夏季五輪	7回
冬季五輪	6回
サッカー W杯	1回
世界陸上	1回
ラグビー W杯	0回

※2019年終了時点で開催された大会が対象

五輪データ

●夏季五輪開催地一覧

回	開催年	開催地（国）
1	1896	アテネ（ギリシャ）
2	1900	パリ（フランス）
3	1904	セントルイス（アメリカ）
4	1908	ロンドン（イギリス）
5	1912	ストックホルム（スウェーデン）
6	1916	ベルリン（ドイツ）※中止
7	1920	アントワープ（ベルギー）
8	1924	パリ（フランス）
9	1928	アムステルダム（オランダ）
10	1932	ロサンゼルス（アメリカ）
11	1936	ベルリン（ドイツ）
12	1940	東京（日本）※返上 ヘルシンキ（フィンランド）※中止
13	1944	ロンドン（イギリス）※中止
14	1948	ロンドン（イギリス）
15	1952	ヘルシンキ（フィンランド）
16	1956	メルボルン（オーストラリア） ストックホルム（スウェーデン）
17	1960	ローマ（イタリア）
18	1964	東京（日本）
19	1968	メキシコシティー（メキシコ）
20	1972	ミュンヘン（西ドイツ）
21	1976	モントリオール（カナダ）
22	1980	モスクワ（ソ連）
23	1984	ロサンゼルス（アメリカ）
24	1988	ソウル（韓国）
25	1992	バルセロナ（スペイン）
26	1996	アトランタ（アメリカ）
27	2000	シドニー（オーストラリア）
28	2004	アテネ（ギリシャ）
29	2008	北京（中国）
30	2012	ロンドン（イギリス）
31	2016	リオデジャネイロ（ブラジル）
32	2020	東京（日本）
33	2024	パリ（フランス）
34	2028	ロサンゼルス（アメリカ）

●冬季五輪開催地一覧

回	開催年	開催地（国）
1	1924	シャモニー・モンブラン（フランス）
2	1928	サン・モリッツ（スイス）
3	1932	レークプラシッド（アメリカ）
4	1936	ガルミッシュ・パルテンキルヘン（ドイツ）
5	1948	サン・モリッツ（スイス）
6	1952	オスロ（ノルウェー）
7	1956	コルチナ・ダンペッツオ（イタリア）
8	1960	スコーバレー（アメリカ）
9	1964	インスブルック（オーストリア）
10	1968	グルノーブル（フランス）
11	1972	札幌（日本）
12	1976	インスブルック（オーストリア）
13	1980	レークプラシッド（アメリカ）
14	1984	サラエボ（ユーゴスラビア）
15	1988	カルガリー（カナダ）
16	1992	アルベールビル（フランス）
17	1994	リレハンメル（ノルウェー）
18	1998	長野（日本）
19	2002	ソルトレークシティ（アメリカ）
20	2006	トリノ（イタリア）
21	2010	バンクーバー（カナダ）
22	2014	ソチ（ロシア）
23	2018	平昌（韓国）
24	2022	北京（中国）
25	2026	ミラノ/コルチナ・ダンペッツオ（イタリア）

●夏季五輪 国別メダル獲得数ランキング

順位	国名	出場	金	銀	銅	合計
1位	アメリカ	27	1,020	794	706	2,519
2位	ソビエト	9	395	319	296	1,010
3位	イギリス	28	263	295	289	847
4位	フランス	28	212	241	263	716
5位	ドイツ	15	192	186	214	592
6位	イタリア	27	206	178	193	577
7位	中国	10	227	166	154	547
8位	オーストラリア	26	147	163	187	497
9位	スウェーデン	27	145	170	179	494
10位	ハンガリー	26	175	148	169	492
11位	日本	22	142	134	163	439
12位	ロシア	9	149	139	166	453
13位	東ドイツ	5	153	129	127	409
14位	ルーマニア	21	89	95	123	307
15位	フィンランド	25	101	85	117	303

●冬季五輪 国別メダル獲得数ランキング

順位	国名	出場	金	銀	銅	合計
1位	ノルウェー	23	132	125	111	368
2位	アメリカ	23	105	110	90	305
3位	ドイツ	10	89	86	58	233
4位	オーストリア	23	64	81	87	232
5位	カナダ	23	73	63	64	200
6位	ソビエト	9	78	57	59	194
7位	フィンランド	23	43	63	62	168
8位	スウェーデン	23	57	46	55	158
9位	スイス	23	56	45	52	153
10位	オランダ	21	45	44	41	130
11位	フランス	23	36	35	53	124
11位	イタリア	23	40	36	48	124
13位	ロシア	6	47	38	35	120
14位	東ドイツ	6	39	36	35	110
15位	日本	21	14	22	22	58

国別ランキング

●面積の大きい国

順位	国名	面積（km2）
1	ロシア	1,710万
2	カナダ	998万
3	アメリカ	983万
4	中国	960万
5	ブラジル	851万
6	オーストラリア	769万
7	インド	329万
8	アルゼンチン	278万
9	カザフスタン	272万
10	アルジェリア	238万
61	日本	38万

国連統計局「人口統計年鑑」（2014年）より
※面積は1万未満を四捨五入

●面積の小さい国

順位	国名	面積（km2）
1	バチカン	0.44
2	モナコ	2
3	ナウル	21
4	ツバル	26
5	サンマリノ	61
6	リヒテンシュタイン	160
7	マーシャル	181
8	クック	236
9	ニウエ	260
10	セントクリストファー・ネービス	261
136	日本	377930

国連統計局「人口統計年鑑」（2014年）より

●人口の多い国

順位	国名	人口（人）
1	中国	13億8639万
2	インド	13億3918万
3	アメリカ	3億2571万
4	インドネシア	2億6399万
5	ブラジル	2億928万
6	パキスタン	1億9701万
7	ナイジェリア	1億9088万
8	バングラデシュ	1億6466万
9	ロシア	1億4449万
10	メキシコ	1億2916万
11	日本	1億2678万

The World Bank – World Development Indicators
– Population, total（2017）より

●人口の少ない国

順位	国名	人口（人）
1	バチカン	809
2	ニウエ	1,611
3	ツバル	11,190
4	ナウル	13,650
5	クック諸島	20,000
6	パラオ	21,730
7	サンマリノ	33,400
8	リヒテンシュタイン	37,920
9	モナコ	38,700
10	マーシャル	53,130

The World Bank – World Development Indicators
– Population, total（2017）他より

●平均寿命の長い国

順位	国名	平均寿命（歳）
1	日本	84.2
2	スイス	83.3
3	スペイン	83.1
4	オーストラリア	
4	シンガポール	82.9
4	フランス	
7	イタリア	
7	カナダ	82.8
9	韓国	82.7
10	ノルウェー	82.5

世界保健統計2018／平均寿命（2016）より

●日本人の多い国

順位	国名	人数（人）
1	アメリカ	42万6206
2	中国	12万4162
3	オーストラリア	9万7223
4	タイ	7万2754
5	カナダ	7万25
6	英国	6万2887
7	ブラジル	5万2426
8	ドイツ	4万5784
9	フランス	4万2712
10	韓国	3万9778

外務省「海外在留邦人数調査統計（平成30年版）」
より

参考資料・文献

外務省ホームページ（https://www.mofa.go.jp/mofaj/）
総務省統計局ホームページ（https://www.stat.go.jp/index.html）
公益社団法人日本オリンピック委員会公式サイト（https://www.joc.or.jp/）
国際オリンピック委員会公式サイト（https://www.olympic.org/the-ioc）

最新版 国旗と国章図鑑（世界文化社）
改訂版 世界の国旗図鑑（偕成社）
世界が見える国旗の本（笠倉出版社）
世界一おもしろい国旗の本（河出書房新社）
歴史がわかる!世界の国旗図鑑（山川出版社）
世界の国旗・国章歴史大図鑑（山川出版社）
世界の国旗と国章大図鑑（平凡社）

本書記載のデータについて

※ P79セルビア、P98モンテネグロ、P104のロシアなど、過去に国土・自治権の分裂があっ
　た国の五輪メダル獲得数は現在の国名・国土になってからのものです。

※ P61「イスラエル」の面積はイスラエルが併合した東エルサレム及びゴラン高原を
　含みますが、併合は日本を含め国際社会の大多数には承認されていません。

※ P61「イスラエル」の首都をエルサレムと表記していますが、日本を含め国際社会の
　大多数には認められていません。

※ P119パプアニューギニアでは2019年11月にブーゲンビル自治州の独立を問う住民
　投票が行われましたが、2019年11月時点で結果が出ていないため、現時点での情
　報を掲載しています。

※その他、国により領土の範囲等の見解が異なるケースもあります。見解のひとつと
　お考えください。

INDEX

ハンディ版　世界の国旗

2020年1月1日　第1刷発行

発 行 者	吉田芳史
印 刷 所	株式会社光邦
製 本 所	株式会社光邦
発 行 所	株式会社日本文芸社

〒135-0001
東京都江東区毛利2-10-18 OCMビル
電話　03-5638-1660（代表）
URL　https://www.nihonbungeisha.co.jp/

Printed in Japan　112191217-112191217　Ⓝ01（290038）
ISBN 978-4-537-21757-5
ⒸNIHONBUNGEISHA 2019

STAFF

装幀・本文デザイン	Boogie Design
世界地図作成	下舘洋子（bottom graphic）
執筆	落合初春　小林雄二　西沢直
校正	玄冬書林
編集	花田雪

| 編集担当 | 坂裕治 |